修養としての剣道

角 正武著

修養としての剣道　目次

剣道のとらえかた　7

理に適うものを求めることこそが剣道／剣道は人生を豊かにする文化である／剣道で心身相関の実体験をくり返す／規制（抑制）を受け入れ自己実現を図る／相互肯定の態度を身につけ社会性を育む／剣道の教育的効果と身体的効果／運動能力から業前へ。剣道修錬の方向性／道を伝えるために

剣道の学び方　19

手段としての技術修錬のあり方／なぜ稽古と言うのか？／師に習い友に習い場に習う／学ぶとは誠実さを身に刻むこと

剣道修錬のねらいとあり方　30

剣道の理法とは何か／躰はどう使うべきか（身法の理）／竹刀はどう使うべきか（刀法の理）／寸止め稽古法について／心はどう働かせるべきか（心法の理）

剣道修錬のねらいとあり方（その二）　41

入門期・錬成期・錬達期／入門期のねらいと注意すべきこと／正しく基本を錬り上げる意義／稽古で相手を敬う心を育む／対人的攻防から自己を省みる態度を育む／錬成期のねらいと注意すべきこと／わざの手順について考える／わざを吸収する力を養う／剣道に風格が備わるとは／古きを稽

え、竹刀剣道を顧みる／争心無しの剣道とは

稽古のあり方　53

稽古の語義／稽古内容の方向性／稽古照今／専念・集中／型の習練／反省・工夫／個性・主体性／無私

剣道における礼のとらえ方　63

礼法とは／礼に始まり礼に終るとは／蹲踞と気力の関係について／懸りの稽古における懸り手の礼とは／地稽古における懸かり手の礼とは／懸りの稽古における上位の元立ちの礼とは／互格の稽古における相互の礼とは

構え　75

構えの考え方／目付けと剣先の付けどころ／剣先の付けどころ／掛け声

攻め　86

〝攻め〟をどうとらえるか／隙を攻める／攻めの実際／〝先〟を考える

間合と機会　98
対人的技術を習うまでの道筋／三つの間合を理解する／心の間合／打突の機会とは／打突の機会とは
技を考える　110
技のとらえ方／打突の好機と技の選択／気の充実と技の発動
試合内容を審《つまび》らかにする　121
審判の使命／審判の任務／審判の技術
剣道の国際普及　131
剣道の普及を回顧する／国際的普及を回顧する／国際的普及の現実と課題
おわりに　142

剣道のとらえかた

理に適うものを求めることこそが剣道

齢七十三を越え躰の丈夫に助けられて今も稽古に勤しむことの幸せを感じつつ、未だに会得できぬ奥義の深さに苦行し続けております。三十二歳の秋に七段位を許されたのですが、当時の大先生方の剣技の妙は脳裏に焼き付いております。そのお姿（技の遣い振りや元立ちのあり様など）と、昨今の私自身の稽古の様とを比較して悩むことばかりです。今更ながら〝事理一致〟の修錬の重要性が身に浸みる思いでおります。

剣道復興の翌年八歳で剣道に入門以来、七段位を許されるまでのおよそ二十四年間、多くの先生方にご教示いただき実直にそれを守り続けてきました。四十八歳で八段位を許されるまでの十六年間は、「道筋を誤ってはならぬ！」の一念を堅持して稽古に勤しんだものです。

年に何回かの試合の体験も積極的に積みましたが、教職という立場上大学生を相手に稽古することが大部分で、高段位の先生方に懸かる機会はごく僅かでした。いずれの場合でも筋道に添わない剣道は決してやるまいと、心法・刀法・体法の全てにおいて理に叶うものを求めることこそが剣道を修める道と信じて取り組んだものです。

今ではもう往時の先生方に直にご教示願うことは叶わず、記憶を辿ったり、わずかに残された書物を読み解く他に道はありません。それにしましても、昨今の剣道が競技性志向に偏重して、伝統性や修養道から逸脱しつつあるのではと危惧するのは私一人でしょうか。

「剣道の理念」や「剣道修錬の心構え」あるいは「剣道指導の心構え」を常々熟慮して、伝え残さねばならない責任を痛感して、浅学非才の身をも顧みず拙稿を呈することといたしました。

剣道を愛し自らの修錬に正対して稽古に勤しんでおられる方々や、高段位をめざしておられる方々の思念の一助になれば望外の幸せと存じますとともに、至らぬ処を厳しくご指摘賜りたく念じております。

剣道は人生を豊かにする文化である

申すまでもなく剣道の起源は、戦闘を生きぬく武技の鍛錬にあり、生死の間から体得伝承されたものと理解して間違いではありません。そしてその後には戦闘に臨んでの勝ち負け（生き様・死に様）には、それを越えた価値（名誉や廉恥）の存在を唱える時代へと移り進みます。さらに武家の支配が世の中の平静を保つこととなる江戸期に入ると、仏教や儒教思想と相俟って武術の修錬が武技一辺倒ではないと考えられる時代がやってきます。即ち武道の修錬は胆力を高め、徳操を深め、さらに仁義や礼節をも併せ求める修養の道へと昇華していくこととなるのです。

その後近代に至って武道の捉え方が歪められた時期があったことも否めません。しかしながら現代にあっても武術の体得と共に羞恥心や胆力の涵養、あるいは仁義・礼節の心得を会得することなど修養道として剣道を修めることは、社会人としての高い教養の礎となることは間違いありません。

剣道をまったくやったことのない人に、「何故あなたは剣道をやり続けるのですか？」と問われ、「汗臭く窮屈な防具を着けて、直接相手と打ち合ったり突いたりする相当に激しい運動のどこがおもしろいのですか？」と詰め寄られると、自問する良い機会に出会うことになります。

剣道修錬の継続を支えるものは何なのでしょうか。斯く言う私自身は、「おもしろい」とか「楽しい」といった感情に動かされて稽古に臨んだ体験はありません。しかしながら稽古を終えた後の爽快な気分は、他のいかなる活動とは比べようもない程毎回必ず体感できるものです。剣道のもつ様々な要素（特性）が、人の生き様に非日常的な刺激を与えていると考えられます。

剣道で心身相関の実体験をくり返す

至近距離で相対したお相手と竹刀による瞬時の打突攻防を展開する際、身体活動を支配するのは、

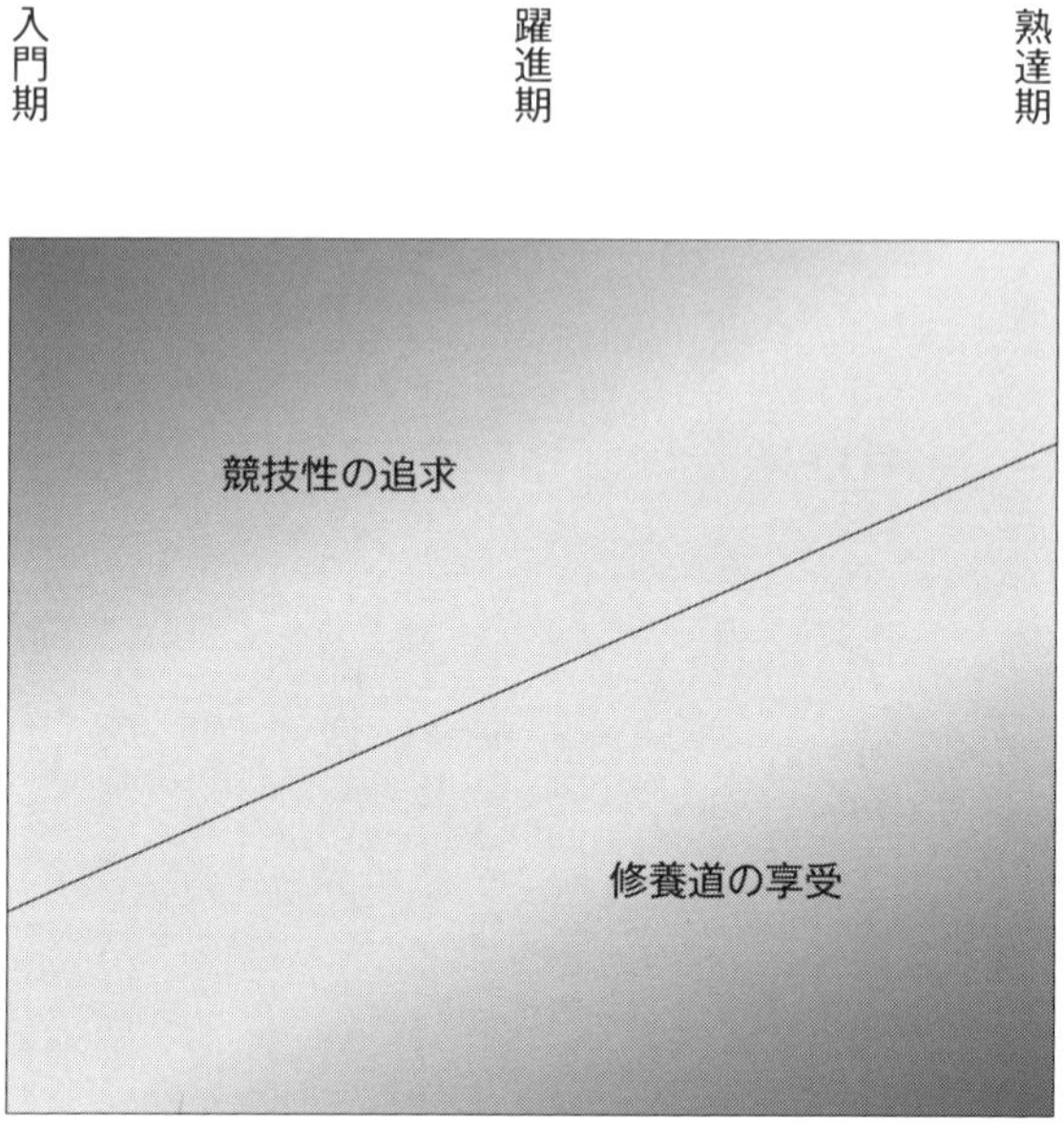

心の置き処であり気の張り具合です。澄みきった心や雑念のない無心の状態は容易につかめるものではありませんが、意識レベルで注意を集中して相対峙する体験をくり返すうちに、日常では体験しない精神状態を体験することとなります。

　また強く・太く・長い掛け声を発することで、長呼気丹田呼吸を実践することとなるのです。その結果肉体の中心部と精神的エネルギーの源泉が一致し、身や心の無駄な緊張から解き放たれた状態を体得することがあり、不思議な程の充実感を覚えるものです。

　そのような状態で竹刀操作や体捌きが実行できた時に感じる達成感は、打突の成否にかかわらず壮快感を生み、さらなるものを求めようとする源動力となっていきます。さらなるものとは、対人的要素である機を見る（察する）という精神作用のことを指しています。すなわち〝心気力一致〟の技を会得しようとする方向性です。

これは独自で成し得るものではなく、互いに真剣味をもって剣の理法を学び合うお相手の存在があって可能であることを忘れてはなりません。

規制（抑制）を受け入れ自己実現を図る

剣道の打突行動（竹刀操作や体捌きなど）には様々な制約があり、〝気剣体一致〟の打突及び〝心気力一致〟の技の習得が求められるものです。試合審判規則では、充実した気勢・適正な姿勢・竹刀の打突部・打突部位・正しい刃筋・確実な残心という六条件が充足してはじめて有効打突となると規定しています。これは日本刀の操法に起源を発しており、一時斬撃という造語が用いられたこともありました。つまり竹刀による打撃動作に刀法の合理性を重ねたもので、刃筋を正して物打ち部で打突部位を冴えのある打撃として会得するには相当の鍛錬を積み重ねなければなりません。しかも単に身体技法にとどまらず、気勢の充実や残心といった精神的要素も重要な有効性の条件にあげられていることが、他の運動文化には例を見ない特徴です。

これらの条件をどのように深く理解し、どのようにして身に付けていくのかが重大な課題となっています。そこに他の運動競技より以上に基本の習熟を重視するという剣道修錬法の特徴があると考えなければなりません。

先達のお一人が「基本を身につけるのに五〇年を経ました……」と回顧しておられる重みを今一度かみしめたいものです。そこには基本を外れたことはいかなる時も断じて行なわないといった強い信念と潔い修行者の態度が尊重された剣道人の気風が継承されてきたに相違ありません。

つまり動作や技法に存在する様々な制約は、精神性を剣道修行の基盤に位置づけて、不適切な動作や姑息・自由奔放なふる舞いを断じて許さないという毅然たる態度の形成に資する文化的価値に他なりません。

相互肯定の態度を身につけ社会性を育む

剣道の稽古には、基本を会得するための打ち込み切り返し稽古や応用の技を身につけるための約束稽古、そして旺盛な気力や応用の技を磨くために欠かせない懸りの稽古、さらに攻防の機微を学び合う互格稽古などがあります。元立ちと懸り手と立場を区別する場合（打ち込み切り返し稽古や約束稽古や懸り稽古）とそうではなく対等の立場で渉り合う場合（互格稽古や試合）のいずれにおいても欠いてはならないのは、相手の人格を尊重する態度です。直接に相手の身体を打突し、体当りを加えるのですから、相手を無視したふるまいは厳に慎まなければなりません。上位者が元立ちをつとめる際には特に下位者の意欲を引き出すことに心掛け、決して無理・無法に立ち回ることがあってはならないのです。

総合的な技能や旺盛な気力を引き出す指導稽古（掛かる側からは懸りの稽古）にあたっては〝元立ちは懸り手の一段上の位で遣うべし〟と教えられています。また〝稽古中には彼我の縁を切ってはならぬ〟と教えられているように常に緊張の糸を張ったように立ち回って、懸り手の多彩な攻撃を引き出すよう務めなければなりません。一打しては相手を無視して背を向けたりして次の局面への繋がりを断ってしまうことを〝引き上げ〟と言ってもっとも禁じてきたものです。

稽古の始めに〝お互いに精一杯やりましょう〟という心境で交わす礼は、偽りのない誓いのあらわれであるはずです。勝手に縁を切って引き上げをくり返すのは無礼千万のことと心得なければなりません。

いかに手厳しくまた激しく鍛え上げられて、息も断え断えになったとしても、もう一本！もう一本と引き出されたならば、「もう一度あの方と稽古を願ってみたい」と思わせるのは、心の底にお相手の人格を尊重するという温い気構えがあってはじめて成立するというものです。「もう二度とあの人とは稽古したくない！」と思わせるのは、相手の人格を無視したふるまいや感情的になって無理無法に走ってしまう結果でしょう。剣道人が社会に評課される最たるものは、礼の心得であり、〝礼儀〟を軽くとらえてはなりません。

社会を構成する人間相互のあるべき関係性を、厳しい直接的打突行動という究極の場面でも、冷静に礼の本義を守り通す貴重な体験こそが文化的価値なのです。

礼を失するふるまいは剣道文化への冒涜と捉え、対人的攻防のあらゆる局面において礼を尽すことの意味を吟味しなければなりませんし、それが社会生活に活かされるべきです。

剣道の教育的効果と身体的効果

剣道の修錬は〝剣道の理念〟が示すように、人格の陶冶即ち人間形成をめざして歩み続けるものですが、その過程においては修練者の年齢や発達段階によって様々に肉体的・精神的・社会的な成長の糧を与えるものです。しかしながら剣道の捉え方や修錬のあり方を誤れば、百害を及ぼすこととなり得るので十分留意しなければなりません。先にも述べたような〝心身相関の実体験〟や〝抑制を受け入れての自己実現〟や〝相互肯定の態度形成〟は、剣道に内存する貴重な文化的価値であり、人間性陶冶に向けた深い教育的効果を生むものと考えられます。

教育の機能を知育・徳育・体育とする考え方は古くから提唱されており、現代でも教育のあり方を論ずる場合に用いられています。

一般的に知育とは知的認識力や思考能力を高めるための教育と考えられています。ところが剣道を武道としての伝統性を尊重する立場に立つと、〝文武不岐〟〝修文錬武〟という両側不可分の考え方が尊重されます。修錬の途中にある者に武技一辺倒に偏ることを強く戒めていることがわかります。武に対する文の側面には、学問を積むことと併せて仁義や礼節を弁えるといった人徳を磨くことを奨めているのです。

剣道人が特に心に留め置かねばならないのは、全日本剣道連盟会員章にこめられた「知・仁・勇」の哲理の深い理解と実践です。即ち剣道を正しく学ぶことを通じて人として行なうべき道理を

第113回全日本剣道演武大会にて

知り、それをためらいなく実践する勇気を養うことを教育的効果ととらえなければなりません。

一方、各種稽古の実践は身体運動を通じて躯体を支える筋肉量を増し、骨格への刺激と相俟って正しい姿勢の維持に効果をもたらし、脳や内臓諸器官の働きを正常に維持する働きを支えます。

自然体（右足前自然体）を維持しつつ瞬時の決断に従って即座に体幹のぶれない打突運動を完遂しなければならない剣道は、肉体と精神の円滑な連繋が欠かせません。従って剣道による生体への効果は肉体と精神を分離して考えることはあり得ないのです。心の働きや気力の充満と身体運動は不可分の関係にあることを常に念頭に置いて稽古に臨むよう心がけなければなりません。

運動（稽古）による生理・解剖学的な運動効果にのみ着目していたのでは、剣道の上達や奥儀への接近はおぼつかないと言うものです。気力の充実や無我の境地など精神的要素は、経験を積めば積む程にその重要性が増すことに気付くものですが、一日でも早く自覚して〝心気力一致〟の剣道を探求すべきです。

運動能力から業前へ。剣道修錬の方向性

剣道修錬の方向性については、既に述べてきたところでご理解いただきたいのですが、要するに身体機能（運動能力）に依拠した剣道から、精神的要素を含む技量（業前）に依拠した剣道へ、そして更に心気や胆力に依拠した剣道へと進む道程を自覚しておくことが重要です。職業人としての社会生活や家庭人としての生活の合間の貴重な時間に道場に出向いて稽古に励み、錬達の域を求め

る時に、剣道の持つ文化性や修錬の効果や課題を正しく認識しておくことが重要なのです。

身体機能は加齢とともに衰えていくのは当然ですからいつまでも〝打った打たれた〟という打ち合いの結果にこだわったならば、肉体に無理を強いることによって故障や傷害を生じることになります。

また打つことが困難な立場になった際、無謀な剣風に陥ってしまい、相手に嫌味を感じさせてしまい、自ら興味を失って剣道から遠ざかってしまうことになりかねません。〝打って反省、打たれて感謝〟という自己抑制や自他同根の態度を堅持すれば、技量は自ずと進み、心気や胆力に依拠した剣道に近づくことになること疑いなしです。

また稽古の数（回数）のみ重ねて満足しているようでは、技の上達は見込めず熟達への道は明るくないと申せます。常に〝事理一致〟の修錬姿勢を堅持して、直心を心掛けて他を見習い、己れを顧み、先師の教訓を思い起こしたり、理法について思念をくり返すことが大切です。ひいては同好同行の人の輪が拡がり、豊かな人生を歩むことに寄与するというものです。

道を伝えるために

修錬を積み重ねて高段位を許されると、教えを請われることが多くなってくるものですが、剣道は〝百錬自得〟と言われるように、教え与えていくものではないことを知っておかねばなりません。

つまり請われて応答するのは自覚を促す手がかりであったり、あるいは深遠な理法であるべきであり、速効的な技術情報を言語で表現して教え込むものではありません。

古い昔話に修行中の若い剣士が、師に「攻めとは何ぞや?」と問うたところ、「攻めとはそっとその身を寄せるが如し――」と回答を得たとのことです。はじめの内は何のことだか良くわからぬまま、只そっと身を相手に寄せては打ちのめされてしまったのです。しかし長年の苦行を経たある時その攻めの妙を自得したとの逸話がありますが、苦行の末に威厳が備わってはじめて攻めの奥義に達することができるとの教えでしょう。現代の我々も随分以前に教えられた事柄にハッと気付かされる体験は少なくありません。

技の理合についてもあるいは剣道の哲理についても、文字や言語による表現には限界のあることを知り、生涯修行の姿で示すことこそ肝要と考えます。

一方、先師がその体験から得た甚所を三十一文字で表現した道歌は、くどくどとした説明では難解な事柄が、スッと腑に落ちることがあるのも事実です。よくよく親しんでみたいものです。

剣道の学び方

手段としての技術修錬のあり方

剣道をどう捉えて修錬に臨むかは重要な問題です。修錬の過程でさまざまな目標を立てることはあり得るでしょうが、技術の修錬を通して人格の陶冶を図るという教育的特性は不易の価値として受け継いでいかなければなりません。手段としての技術修錬のあり様について、現状が満足すべきものであるか振り返って検証してみます。

昭和三〇年代後半から四〇年代にかけて、全国的に少年剣道ブームが起こっています。当時は青少年の健全育成がさけばれ、「我が子の正しく逞ましい成長を」という保護者の願いが、規律や礼儀作法を重んじる剣道教室の教育効果に期待が寄せられたものでした。やがて入門・初動期の者の興味を持続させる方策として、試合の勝敗を楽しむ方向に大きく動きはじめます。部内での試合稽古では満足できず、やがて対外試合が盛況となり今日に至っています。入門・初動期の者の興味付けという限界をはるかに超えて、剣道修錬の基盤を築くべき初級段階（初段～三段あたり）の者かららさらに四・五段になっても、試合競技偏重の昨今です。

剣道は競技の末に走ってはならないという伝統的な考え方は忘れられてしまい、稽古は試合に勝つための内容や方法が主流を占めるようになっています。勝つための技術の習得は、同類他者との競い合いによって会得するといったまったく誤った考え方が蔓延してしまい、勝敗の不確定性を楽しむというスポーツの捉え方に様変わりしていると言っても過言ではありません。

さらに昨今では変則的な操作で巧みに相手を打って勝つという風潮から一層劣化して、打たれまいとする防禦動作偏重の技術が横行するに至ってしまいました。その結果基本に忠実な動作や操作で積極・果敢な決断力や旺盛な攻撃の気力を発揮する戦い振りが評価されるのではなく、変則的であっても勝者のみが賞讃される勝利至上主義に陥っているのではないでしょうか。

勝敗の機微やアクロバティックな技術の展開を楽しむスポーツ観でも、勝利至上主義は否定されて当然であるにもかかわらず、ましてや修養の道を理念としてかかげる剣道界が勝利至上主義に陥っている現状は嘆かわしいかぎりです。

不適切な態度や姑息なふる舞いで勝利しようとする者には厳しい叱責を与えて反省を促し、正剣を貫徹しようと努力して敗れた者を称えて再起を促すという美風を回復せねばなりません。

打突の高い基準での見極めや、不当な行為に対する厳しい対処など、審判のあり方による改善が試みられ、「審判が良くなれば試合が良くなる。試合が良くなれば剣道が良くなる」と審判法による改善努力が続けられてきましたが、一向に効果が見えてきません。指導法の根本に着眼して、剣道修錬の基盤づくりを再確認しなければ剣道の将来が不安でなりません。

なぜ稽古と言うのか？

先に述べたように競技志向が強くなれば、身体技法の習得は、筋力・調整力・持久力に依拠することとなり反復練習が重視されるものです。そこで反復練習の回数の増量のみに着眼して、同等レベルの者同志で打ち合っていたのでは相互に学び合う内容は乏しく、基本の何たるかを知ることは期待できません。ましてや基本の未熟な稚拙な打ち合いに興じたり、やたらと試合を体験したのでは、基本から外れた悪癖に陥り、その後修正に苦しむことになります。

剣道の基本とは何か、わざとは何かと考えを深める際に決して欠くことのできない要点のあることに注目せねばなりません。つまり剣道の起源や文化として熟成される過程で付加された、精神的要素や価値観をよくよく吟味して稽古に取り組むことが必要不可欠です。

剣道をはじめ我が国伝統の武道や各種の芸事を習い修めるには、まずその本分を識ることが重要とされていることに着目することです。本分を識るために師匠や兄弟子たちの身近で、その道の本物に触れて、肌身でその勘所を吸収させたものなのです。

「水吸み三年」「切り返し三年」などと言われるように、日本の芸事は技を習う以前に修錬に取り組む心構えを確立させようとしました。そして、その後の修錬の過程では〝守・破・離〟の段階を踏むことが尊重され、先ず基盤となるべき〝形〟の習修に専念するのです。基本の形には身体技法の根本のみならず修錬者としての気構えをも含んでいることを知っておかねばなりません。修錬者としての基盤づくりにおいて、剣道の伝統についてよく考える「稽古」の本意を身につけておかなければ、自らの工夫研究を加えて一段高い所に辿り着くことはできないというものです。身体能力に拠る剣道から技前による剣道へ、そして心気で遣う剣道への道筋も稽古の観念が根付いてはじめて歩み進むことができるというものです。〝形無し〟や〝無作法〟は恥ずべきことという価値意識も併せて学ぶべきことなのです。

従って伝統を踏まえることから〝稽古〟といってきましたが、容易に身につけることのできない基本の技法を修得するには、回数を重ねて錬り鍛えることが欠かせませんが、心の底には習う者としての清廉な心構えが確立していなければなりません。

稽古に挑むという心構えも育っていない者に激しい錬り鍛えを強いるような事があってはなりませんし、形を逸脱したり無作法を見抜けなかったりしたのでは、技法の修錬を通しての人格の陶冶など及びもつかぬことと知っておきたいものです。

また「稽古をつける」とか「稽古を頂戴する」と表現されるように、師弟の間柄にも互格の者同志の間にも、共に伝統を継承するという清廉な気構えを共有することが、剣道修錬者の態度として尊重されなければなりません。技前を競い合い勝ち負けにこだわるのではなく、「師弟同行」「自他同根」の気風を享受することこそ、稽古という表現に相応しく、相互尊重の貴重な社会性の基盤を身に付けて、人格の陶冶に寄与すると言うものです。

近頃では、「誰もが専門家への道を歩むのではないから、稽古という捉え方でなくてもよいのでは……」という考え方が蔓延しているようで気がかりでなりません。老若男女の誰しもあるいは初級の者も上級者も、深遠な剣の理法を探し求める求道者としての気構えは共通であると考えておかねばなりません。

美技を競い合い勝敗の機微を楽しみ合うスポーツ競技愛好者の志向とは趣きを異にするところに誇りと自覚をもって稽古に勤しみ、己れを省み素直な心で学び続けたいものです。

師に習い友に習い場に習う

剣道をはじめ武道や伝統的な芸道では、〝稽古〟といって古きを考えつつ自らを高めようとする態度と共に〝習う〟という修行者としての素直な心構えを尊重します。また〝森羅万象皆我が師なり〟と捉えて謙虚に他から学び吸収することを尊重すると同時に〝直心〟と教えて素直な心の持ち様こそが学びの姿勢として欠くべからざることを教えています。尚かつ〝百錬自得〟と教えて修行者としての自立を促し主体性を尊重しています。

習うという素直な心は、教えを待つ受け身の姿勢ではなく、あくまでも主体的に教えを受け取り、あるいは肌身で感受して自分のものにするといった、能動的態度が備わっていなければならないのです。

剣道の〝わざ〟は精神的要素即ち心気の働きを多く含むということは先にも述べましたが、身体技法（体捌き・竹刀捌き）を支える精神的働きを学び取るには、お相手の存在を重く認識できるか否かにかかっています。打つ突くといった身体技法は、お相手の気を読み、攻めを読み取ってその気に勝っていなければ成就しないのであり、〝気を収め気で勝って理で打つ〟というわざの理合を教えています。ところが人間の心気の働きはなかなか定常を保つことは難しく、時として冷静・充実しますが時として焦燥・不安に陥りやすいものです。確かに心気の働きを整えて稽古や立合いに臨むのは当人自身の内なる問題ですが、お相手は心気の働きの自由を許すまいと、気で攻め間を詰めてきます。その瞬間が絶好の学びの好機と捉えて、動揺せず冷静かつ果敢な判断によって適切な対応を挑むのです。この瞬時に護りに入ったのではわざの妙味を体得することは叶いません。攻めの強いお相手（多くの場合は高位の元立ち）を嫌わず、敢えて稽古をお願いすべきと言われる所以であります。

気攻めや気当たりのやり取りを経て打つ、打たれるという結果が生じるのですが、稽古、特に互格のお相手とお願いする際に、打った打たれたと結果のみに一喜一憂していたのでは学ぶべきものはないというものです。また下位のお相手と対峙した際に、気を外したり相手の気を無視したりして近間に入りポンポンと打ったりするのは、稽古と言えないばかりでなく無礼極まりないことと心得ておかなければなりません。

習うという謙虚素直な心で己れを省みれば、お相手を打った時に、気の起こり・気の尽きたところ・気の退けたところを打ったのかと反省すべきところに気付くことになります。また打たれた際

共に伝統を継承するという清廉な気構えを共有することが、
剣道修錬者の態度として尊重されなければならない

には己れの気構えの崩れや弛みあるいは虚をつかれたことなどを反省し、学ぶべき多くの内容が自覚されることになります。古くから〝わざ〟は教え与えられるものではなく盗むものとさえ言われるのは、心気のやり取りを謙虚・素直に受け入れるという心境で対峙することから始まると心得なければなりません。

気構えを崩され一瞬でも身構えが崩れたならば即座に負けを認識し仕切り直しを挑むという程の潔い態度で稽古に勤しみたいものです。そのような稽古の積み重ねはやがて、当人の剣風を築き気位を高めることとなり、高段位の審査に臨むにあたって確かな備えとなるに違いありません。立合において捨て切って打って出る技量を備えることの重要なことは申すまでもありません。

気位の強さや捨て切って打って出る技量を備えるには、高位者に威圧され攻め立てられて耐えるコツ捨てるコツを学ぶ、いわゆる上懸りの稽古が最適です。気を学ぶには上に懸りわざの機を学ぶのは下位のお相手に気で勝って学び取るもの、とは習い（学び）の姿勢をよく言い表したものです。また〝難剣・変剣を遣う人こそ好敵手〟と捉えて、嫌わずに稽古に挑めと教えられているように、難剣といえども恐れず惑わず身を捨てて打ち懸ってこそ〝浮かぶ瀬もある〟という攻撃の理合を学ぶことになるというものです。

〝見習う〟という言葉があるように見取り稽古も格好の学びの機会です。師や先輩の稽古を目の前で拝見しつつ有形の動作よりもむしろ無形の気当り・気競り合いや息使いを感受して〝わざ〟の勘所を学び取るのです。ややもすれば有形の竹刀捌きや体捌きに着目して打突の結果しか記憶に残らぬことになりがちですが、それでは習うことにはなりません。わざの妙味は気の張りや溜めと、気・

を当てて攻める機会にあり、如何にして何時攻め崩して捨てきって打つ攻撃に繋げておられるのかを見取って学ぶことです。見の眼弱く観の眼強くと教えられている目付けの心得もここで活かされなければなりません。

毎年約三千名の剣士が集って開催される伝統の京都演武大会の最終日は範士の立合が行なわれます。多勢の剣士が熱心に見取り稽古をなさっている様は大変結構なことですが、打突が決まるや拍手をするという状況が続いています。立合人は両範士に敬意を表して「拝見」と立合開始を願い、制限時間合図の後に徐《おもむろ》に「それまで！」と竹刀を納めていただくよう促しています。誠意と礼を弁えた奥ゆかしい態度の表れた美風として受け継がれております。演武者も競技の域を越えた迫真の剣・技を具現すべく、真剣味を充実させて立合に臨むものです。最後まで静かに拝見すべきであり、立合の最中に拍手するなどは誠に失礼な態度と言わざるを得ないことを知っていただきたいものです。

学ぶとは誠実さを身に刻むこと

剣道を学ぶには先ず主体的であること、習う態度を失わぬこと・学びの的を誤らないことなどについて述べてきましたが、肝要なところは「剣道修錬の心構え」を常に心に刻みこみ「剣道の理念」を外れないことです。

「剣道は礼に始まり礼に終る」とはよく知られ、剣道界以外の社会からも認められているところです。ところがこれが、ものごとの開始と終了時に上体を前に傾け頭を下げる所作で事足りるかのように誤解されているのではないかと危惧されます。剣道修錬のあらゆる活動を通して誠の心を貫くことこそが、「礼に始まり礼に終る」といわれる所以であることをよく知らねばなりません。

剣道を習う・剣道を教える・剣道を錬り鍛え合う・剣技を競い合うなど、全ての時と場面において虚偽や虚飾や詐欺の無い心で各々の立場を踏まえた行為に真剣に誠意を込めて励むことなのです。

剣道基本技術の中核に、正しい姿や正しい刃筋などが位置づけられますが、これを単に身体技法としてのみ捉えるのでは物足りません。正しい姿勢や正しい刃筋を身につけるのは、正しいものを求めるという心を育て、やがて真実を見極めて求め続ける心へと発展させる意思の教育と捉えることが重要です。

また素直な心で師の教えを守り基本の修得に励む態度からは忠誠の心構えを学び、お互いを錬り鍛え合う互格の稽古においては、「打って反省打たれて感謝」という謙虚・謙譲の心を育みたいものです。技を競い合う場面では、適法・適正を堅く守り、不当・姑息を一切断ち切る覚悟で臨むという態度を確立せねばなりません。

礼の根本は各自の誠の心に在り、生死の間にあっても尚人間性を求めた先人が、剣術を剣道という文化に昇華してきた歴史の重みを吟味して、技術の修錬を通してお互いの人間性を高め合う稽古に勤しみたいものです。興奮状態に至りやすい直接的打突攻防の最中にも、自制心を失わず公明正大な態度に徹する姿勢こそ誠の心の具現と心得ねばなりません。そのような体験を積み重ねた剣道人こそが、誠実さを身につけた社会の構成員として評価され、広く社会の平和と繁栄に寄与するというものです。

剣道修錬のねらいとあり方

剣道の理法とは何か

剣道はどうあるべきか、剣道修錬者のあるべき姿とは如何様なものかという問題は常に問い続けられたのではないでしょうか。

有史以来刀剣の発達や武士の台頭、そして戦国乱世を経て豊臣氏徳川氏の時代に至り、我が国が平安な時期を迎えたのは十六世紀の後半でした。爾来一八六七年の大政奉還に至るまでの江戸時代は、鎖国政策を取りつつも政治・経済・文化の成熟はめざましく、大陸から移入したさまざまな文物を我が国独特のものへと発展を成し遂げたのです。武術もまた数多くの流派が起こり多彩多様を極めた時代といえます。つまり戦国乱世の時ではなく平安な時代に戦闘武技を越えた修行道としての武術（兵法）が成熟した歴史は、現代の剣道に勤しむ私たちがよくよく思いをいたさなければならないことと考えます。

支配階層である武士にはその本分を弁えることが諭され、幼少の頃から表芸である剣術の修行と併せて備えるべき学識や修めるべき人格の涵養が重んじられたものです。印度で起こり中国を経て伝えられた佛教や、中国古代の思想家を起源とする儒教などが、もののふの道の成立に影響しているのも事実です。武士としての死生観や倫理観を身に修めていく過程で、剣術修行のあり方も剣の理の探求が人の道の探究と相俟って進められるべきと考えられてきたものと推思されます。「剣は心なり……」と唱えた島田虎之助や「活人剣」を説いた柳生宗矩の教えなどは、現代の剣道人も文化としての剣道の真髄と受けとめておくべきと思います。

剣道の理法について考える際に、身法・刀法・心法という三つの要素について、それぞれの在るべき筋道を考察することが妥当だと考えます。人間は身と心が一元的に働くものですから、三つの要素は単独でその理法が成立するものではなく、互いに深く関連し合って筋道を形成することは申すまでもありません。ある要素の修得過程で壁にぶつかった際に、他の要素の開眼がその障壁を越えるのに有効に作用して、ハッと勘所を会得することはよくあり得ることです。

また修錬の過程で三つの要素の占める割合は変化し、修錬課題や方法も順次変化していくことも理解しておかねばなりません。

躰はどう使うべきか（身法の理）

自然体を基盤として動態を崩さずに対人的攻防を遂行することは、剣道の動きの美しさに結びつく大切な技法の根本になります。打つ・突く・躱すという対人動作で腰が安定して上肢―躯体―下肢の均整のとれた姿勢が維持されていることが求められ、刀法の適否を左右することになるからです。上体を正しく維持する腰の安定は、攻め入る時・打ち起こす時・打突の瞬時・打突後のいずれの局面においても崩れ（腰のひけ）が生じないということです。攻撃動作の端緒となる攻め入る局面がもっとも重要なのですが近頃では攻め入る際に上体が前傾してしまう姿が多く見受けられます。上体の前傾に伴って両足がそろい、倒れ込むような面打ちとなり打った後の体勢の立て直しが遅れ、相手にもたれかかる姿が多発し、体法の基本の欠如が目につきます。「手で打つな、腰で打て！」の理合を真剣に考えて修錬に取り組まなければ剣道の打突そのものが違った方向へ流れてゆくのではないかと危惧するものです。

入門期に摺り足による送り足の稽古を行う際、「腰で進め！」と厳しく徹底的に錬り上げた伝統を忘れてはなりません。面を打って走り抜ける稽古が流行っていますが、早く打とうとするあまり体の前傾が先行しているのです。面を打って走り抜ける理合を知らなければなりません。打ち間に入り鋭く踏み出した体勢は打ちきったところで完結し、直後にお相手が体を開いて躱した際に素早く傍を抜き去って次の局面に備えるのです。お相手が体前面に立ちはだかった際には素早く両腕を胴部まで収めて、鍔競り合いの体勢となり時には激しく体当りするなどして、次の局面で先に優位に立てるよう体を捌くのです。面を打った後の両腕を更に上にあげて（バンザイしたように）相手にもたれかかるような不安定な体勢は改めなければなりません。また、面を打った後両腕をたたむことなくお相手の面金に右こぶしをつき当てる行為は甚だ失礼であるばかりでなく極めて危険な行為であり、厳に慎まなければなりません。「面を打ったら伸ばせ！」というのは、物打ち部で面を捉えたら鍔がお相手の面金に接触する直前まで伸ばすことを教えているのであり、打ってすぐに両腕をたたんでしまう悪癖を戒めたものなのです。剣道で許される体当り・体押しは、お相手の躰の中心部即ち胴の部分への接触であり、胸部や顔面部を押したり首や頭部を横なぐりにして体勢を崩そうとするのは実に見苦しい嫌味な行為と心得なければなりません。

身法のもう一つ大切な理法は、いかなる技もお相手に正対して打つということです。特にお相手の攻撃を躱して打つ際の体の捌きに注意したいものです。直線的な前進運動に偏重して、開き足を用いて体をさばいてお相手に正対して打ちきる技がきわめて少なくなっているようです。例えば面に対する抜き胴や応じ返し胴を打つ際に、正対しようとせず前に向いたまま打とうとするので両手の内は切り手の作用を用いず、お相手の胴の前面に当てて自分の体は外側に向けてしまっています。そのままお相手に背を向けて走り抜けており、極端な場合には体が右回りに回転してしまって、身法の理の欠片《かけら》も見えぬ当てっこ剣道が横行しているのは嘆かわしい限りです。

物打ち部で正確に打突部位を刃筋正しく打ちきるには、身法の理を探究し続けなければなりません。同時に技前の剣道から心の剣道へと向上していくには、正しい姿勢を維持しておくことが心の正しい働きや気勢の充実に欠かせないという身と心の一体感を会得したいものです。

竹刀はどう使うべきか（刀法の理）

刀法の原理は我が国固有の刀剣の造りにあります。諸刃直刀造りから片刃反刀造りへと変化した歴史は、物打ちという概念が生まれた由縁です。打ちつけた刀勢が反りの作用で自然に引き切る働きを生じて切れ味を鋭くしたものです。直刀である竹刀は、足を踏み出すという体の前進運動を伴うので押し切る働きを生じるのであって、両腕を手前から前方に押し出すものではありません。諸々の竹刀操作の根本は、上下振りや斜め振りによって大きく振って正しい太刀筋を身につけることから始まります。次に基本の打ち方は大きく振りかぶって正面を打つ技術から始まりますが、基本の正面打ちは修錬を積み上げても尚くり返すことによって、新たな発見や固癖の修正に役立つことを知っておきましょう。

頭上まで十分に振り上げた両腕を前方に放り出すように、肩・肘を支点に上腕・前腕で竹刀に力を与えるのですが、その最終局面では両手の内の作用によって物打ち部に下方向への力が鋭く与えられなければなりません。両手の内の作用とは、打ち止める際に拇指側を押し小指側を引き締めるように使うことによって、両手首を下方に（切り手の要領）折って打ちの冴えを発揮することです。大きく振りかぶって正面を打った場合も小さく振り上げて打つ場合も、物打ち部によって発揮される打撃力が同等になるよう調整できるまで、くり返して面打ちの稽古に励んで刀法の理の会得に近付きたいものです。近頃小さく振り上げる面打ちが腕を前上方に伸ばすだけの軽い打ちになっており、かつては〝鳥刺し面〟と酷評して戒めた伝統を思い出していただきたいものです。

物打ち部で正確に打突部位を刃筋正しく打ちきるには、身法の理を探究し続けなければならない。技前の剣道から心の剣道へと向上していくには、正しい姿勢を維持しておくことが心の正しい働きや気勢の充実に欠かせないという身と心の一体感を会得したい

寸止め稽古法について

不思議なことに仮想の相手を前に独りで空間打ちを反復する時には、腰の入った安定した姿勢を維持できるのですが、いざお相手と対峙して実際に面を打つ稽古となると、上肢・下肢の協応が乱れ前屈《まえかが》みになりやすいものです。そこで空間打ちと実際に面を打つ稽古の中間に、お相手の頭上寸前で打ち止め、しかも安定した姿勢を維持する稽古を取り入れるのは有効です。日本剣道形の稽古が木刀を用いて寸止めする由縁を応用して、竹刀寸止め稽古によって身法の理に支えられた刀法の理を習得するよう努めるのです。

「日本剣道形」や「木刀による剣道基本技稽古法」が、その所作ごとやおおまかに技を身につけることにとどまっている現状に鑑み、身法・刀法の基本を躰に染み込ませる稽古を更に大切にしたいものです。

「木刀による剣道基本技稽古法」では、仕掛ける技五本と応ずる技四本にまとめられ特に応じる技は、四種の応じ方の中から代表的な技を選んで構成しています。〝寸止め稽古〟では更に多彩な応じる技を稽古することが可能ですから、多様な体さばきも併せて身に付けることができます。〝寸止め稽古〟では、物打ち部が必ず面部を捉えるように足の踏み出しを促し、腰を入れた姿勢で寸止めするよう注意の集中を要求します。遠慮したようにお相手の頭上に届かず顔前面に剣先を止めるような打ち方には、厳しく注意を与えます。

また間合の取り方についても初めの段階は、相方の中締と中締が接するくらいの近い間から摺り足で打たせ（寸止め）るように安全に配慮することが必要です。応じる技を稽古する際には、近い間からの面打ち（寸止め）を、応ずる側はしっかりと胆を据えて二回見届け、仕掛ける側が同じ速度や間合から打って来る三回目の面打ちに対して、体を捌き竹刀を捌いて物打ち部で正しく仕留め、目付けを外さず気勢を保つようくり返し稽古を積むのです。

寸止めに打ち込む側も、瞬時に体のさばきと竹刀のさばきを完結する応ずる側も、しっかり汗をかき息使いも荒くなるまで、注意を集中して取り組むことが重要です。

お相手を打つ基本の稽古（切り返し・打込み稽古など）の前に取り組むこの稽古法は、実は入門・初級段階で有効であるばかりではなく、実は上級段位をめざす方々の剣道の見直しにも有効に効果が現われるものです。

心はどう働かせるべきか（心法の理）

人の行為はすべて脳の働きに支配される、刺激―反応のくり返しであり、多くの身体運動も受容―反応―行動のメカニズムに依拠しています。また瞬時の身体運動が意識とは無関係に、筋の活動を起こす反射運動として生起することはよく知られています。剣道では意識的行動と反射的運動とが的確かつ円滑に遂行されることが修錬の課題であり、脳の活動を支援する気の働きを重視する特性があります。これは剣道の起源と発展過程で常に生死の間での渉り合いから術の理を悟るに至ったという歴史によるものです。従って心の澄みや気の悟りを、霊感に求めて山籠りや滝に打たれたり参禅して坐禅工夫したりしたものと伝えられています。また剣道の修錬そのものが禅の修行と捉えて、何ものか心の悟りを得ることを奨めています。現代に生活し剣道に勤しむ私たちも、先人の精神修行の足跡に思いをめぐらして、修錬の実りが優れた人格の形成に資するよう努めたいものです。

次にいくつかの心がけておきたいものを列記しておきます。

●実直に取り組む直心を育む

直心とは佛教の用語から来たものですが、剣道入門期において教えを素直に受け入れて本体をつくることが上達の基となると説かれています。また心に雑感を無くせば心が澄みわたって、お相手の心さえ己れの心に映るという心法至極の境地である〝無心〟の礎ともなるものです。

●いつわりのない真剣味と誠心

剣道は対人性から学び取ることが大部分であり、お相手の存在に敬意を払う（礼をつくす）心が欠かせません。生死の間で会得された技の理を時代を越えて学び合い錬り鍛え合う現代剣道のもっとも大切にしなければならない精神文化の粋というものです。ふざけた態度やお相手に対する軽卒な行為、あるいは姑息なふるまいは礼を失するばかりではなく、剣道という文化に対する重大な冒流と受け止めて厳に慎まなければなりません。

●心の四病に勝つ克己心

古くから「山中の賊を破るは易く心中の賊を破るは難し」といわれるように、心に起きる雑念の内、恐れ・懼き・疑い・惑いを四病としてこれを克服しなければ勝ちへの道はないと説かれています。一瞬にして勝ち負けの決着をみる稽古や立合いの体験を通して、自らを省みる機会に己れの心と向き合って、弱点に気付いて改善に努めるのです。しかもあくまでも自律的であるべきであり、逞しい人間性の礎を築くことになるというものです。

●身を捨てて懸る勇猛心と残心

至近の距離で瞬時の攻防をくり返す剣道では、四病や一瞬の気後れが負けにつながるものです。己れを信じて全身全霊を込めた攻撃はお相手の動揺を誘い、怯ませることとなり勝ちにつながるものです。また全身全霊をこめた一撃の後には、事の成否にかかわらず精神的エネルギーが尽きることなく次の局面への対応力を生み出すものです。この残心の心掛けは呼吸法と深くかかわっており、長呼気丹田呼吸法の習慣形成が欠かせません。

捨て身や残心の概念の理解や行動習慣は、日常生活における一所懸命の態度や、物事のけじめや継続発展への精神的エネルギーを得ることにつながっています。

●正しさを貫く勇気

剣道には〝正しさ〟が求められるものが多々あり、姿勢正しく・刃筋正しく・着装正しく・礼儀正しくなどは、よく言われることです。これらは形状や効果を引き出すためのものばかりではなく、実は正しいことを正しい方向に向けて進み、道理を誤らないという生き方を示唆した教えと受け止めておきたいものです。試合の結果、醜い勝者よりも潔い敗者を称える美風を大切にしなければなりません。ややもすれば安易な方向に流れ、自らに妥協しやすい人の心を戒め、正しさを貫く信念を育み有為な人間としての基礎となる部分を剣道修錬を通して育みたいものです。

●事に臨んで平静を失わない不動心・平常心

「平常心之道」と説かれるように、己れの身を脅かす窮地に臨んでも平然として対応して誤りの無い心の備えを説いています。人としての最大の窮地は、生命を脅かされることであり、剣道の起源が息の根の止め合いの場でいかに対応したかを問い続けたのかに由来する究極の心の置き方といえるものです。しかもその対応は誇りがかかり、廉恥が問われてきたのも剣道に内存する貴重な文化的財産と言えるのです。

この心境もまた対人性の中から学ぶことが多いのですが、実はそれのみでは不十分なのです。つまり然るべき対応の何たるかを知らずして誤りの無い対応は成し得ないからです。学識を深め人の道を識り、本分を弁えるなど、教養を積むことと相俟ってはじめて、平静を保った対応に至るのです。事理一致が奨められ文武不岐と説かれる由縁であり、社会に寄与する人間形成の礎となる心法の理の極みと捉えて、ますます探究に務めなければなりません。

剣道修錬のねらいとあり方（その二）

入門期・錬成期・錬達期

前章では剣道修錬のあり方として身法・刀法・心法について述べましたが、今章ではそれらの段階や過程について内容を考えてみます。

修錬の段階については様々な表現がなされます。古くからは守・破・離という表現があり、入門期・錬成期・錬達期と表現し、初心・初級・中級・上級と表現されることもあります。私は入門期・錬成期・錬達期という段階を用いることといたします。

剣道に勤しむ者としては、自分が現在どの段階にあり何を学ばなければならないのか、そしてその先にどのような段階があり何が課題となるのかについて知っておくことが大切です。それを知ることは容易ではありませんが、師や先輩方の剣道を見取る眼を養っておくことが必要です。つまり入門期にはただただ教えられるままに基礎基本を躰で覚えることで精一杯の段階ですから、先の段階や方向性を自らの剣道の姿で示し与えるのは、指導者の重要な指導課題となります。運動学習は言語で伝えることよりも、見て習い覚える側面が多いので、指導者の美しい姿や鋭い気迫などは重要な伝承法ということになります。

さらに重要なことは、なぜ剣道修錬に取り組むのか修錬の目的をしっかり自覚することです。昨今では幼少年期に入門することが一般的ですが、精神的発達の未完成な時期からやがて自我意識の芽萌える思春期に至る段階で、剣道修錬の目的を明確に意識づけておくことは欠くことのできない課題です。技術の上達や多様な稽古を体験する段階に至って目標が多様化する段階に至っても、目的意識が動揺することがあってはなりません。

入門期のねらいと注意すべきこと

小学校中・高学年は身体運動能力の発達が著しい時期で、知覚→運動の調整力は特にめざましいものがあります。この時期は竹刀の操作と足のさばきという協応性も容易に吸収していくものですが、未だ筋力の発達は不十分であり多彩な技などの指導を急いではなりません。次から次に様々な技法を教え込み、それを用いた試合を楽しませてしまったのでは、当てる剣道への道を進むことになりやすいので注意を要します。当てる剣道と打つ剣道の分岐点が入門期の修錬のあり方に存在することをよくよく知っておきたいものです。

正しく基本を錬り上げる意義

入門期は正しく足をさばき正しい姿勢で竹刀を正しく振って正しく打ち込むという基本に忠実な剣道の基礎づくりをもっとも重視しなければならない段階です。技術（動作）の学習は意識の変化と深く関連するもので、正しい動作を身に付けようとする修錬の態度は、やがて成長に伴って正義を貫くという社会性の萌芽ともなるものです。この段階での試合経験を全面否定するものではありませんが、勝負の結果に注目するのではなく、あくまでも平素の基本の修錬が試合場面でも乱れることなく発揮できているか否かを評価したいものです。試合に勝っても基本にそぐわぬ点は厳しくたしなめ、姿勢や竹刀操作を正しく実行しようとする態度を賞讃して、正しく勝つことの意義に気付かせることが重要です。

基本稽古のくり返しは興味深いものではありませんが、上手にできることよりもくり返しくり返し熱心にものごとに取り組む態度の形成を重視したいものです。剣道の基本動作は上肢の運動と下肢の運動の協応を必要としますが、筋力の発達が未熟な段階では見かけは上手く出来ているようでも、腰主導で上体を正しく維持した一挙動の運動には達していないものです。剣道具を着けて相互に打ち合う段階に至るまでに相当の時間をかけて、身体技能とともに剣道に取り組む態度の形成を重視することで、剣道修錬の成果の生活化という効果を期待したいものです。近年青少年の生活の環境は著しく変化しており、安直に結果を求めるという風潮が、青少年の忍耐力や地道な努力の美徳を見失なわせている現況に鑑みて、剣道の基本修錬が心の成長に有益に作用するよう仕組みたいものです。指導する側は焦らずに僅かな伸びを見落さないよう留意し、稽古日以外にも自ら進んで素振り稽古に取り組むなど、入門期から自立した修錬者の育成を図りたいものです。

稽古で相手を敬う心を育む

道具を着けて相互に打ち合う段階で大切なことは「相手を敬う心」を育むことです。剣道は〝礼に始まり礼に終る〟ことを尊重し、それが社会的に評価される所以です。ところがこれを誤解している風潮が否めません。つまり、稽古のはじめに「お願いします」と請願の礼をし、稽古の終わりに「ありがとうございました」と感謝の礼をすることとだけ理解しているふしがあります。実に軽薄な捉え方であり礼が形骸化する原因でもあります。

〝礼に始まり礼に終る〟とは、剣道修錬の全ての時と場において終始礼の精神が貫かれていなければならないという教えなのです。礼の精神とは敬い尊ぶことであり、心の豊かさを示す態度でなければなりません。道場や道具や竹刀という物に対する敬いの心であり、師や先輩・傍輩・後輩といった稽古の人的関係においての敬いの心です。剣道入門期における敬いの心の育成は、学校や地域社会や家庭における人間関係力の向上に有効に働き、やがて成長とともに敬愛の情豊かな人間性の涵養となって社会的評価を高めることになります。昨今の社会では競争の激化や格差の拡大が危ぶまれていますが、そのような時代だからこそ互いの人格を尊重し合う相互肯定的な態度を備えた剣道体験者の真価を示す時だと思われます。入門期の敬いの心の育成（礼の教育）が、その人の人生の成否を左右する程に重要であることを強調しておきます。

対人的攻防から自己を省みる態度を育む

入門期の後半になると学校の剣道部に所属し、連日激しい稽古が続き試合の体験も多くなるものです。この段階で特に留意したいのは試合体験をどのように受け入れるのかという問題です。この時期の精神的発達の特徴は自己同一性を模索する心理的に不安定な状態が多いということです。運動の上手下手や勝ち負けという明確な他者との格差に心が動揺しやすく、自己嫌悪や自信過剰という極端な心理状態に陥りやすいのです。一瞬にして勝ち負けの結果を生じる剣道の対人的攻防のくり返しでは、身体的技術的要因よりも心の働きや気力の充実が結果に直結しているものです。従って結果を素直に受け入れ潔く自己を省み、新たな自己への変貌を決意する絶好の機会ととらえなければなりません。しかしそれは他者から強要されるものであってはならず、あくまでも自律的態度に基づく自己決定に拠るものでなければなりません。しかも心の働かせ方や気力の充実は精神の鍛錬を促すということではなく、剣道の技術の習得を手がかりとするべきなのです。つまり対人的技術を支える心理的精神的要素についての理解と併せて修錬を積むことが必要であり、剣道修錬者としての自立を図るのです。

近年青少年の主体性の無さが親の過保護過干渉という養育姿勢に起因すると言われていますが、剣道の試合場面においても監督の指示を待ち指示通りに動いているかの如き様相が多発しているのは残念なことです。稽古の場面で精神を充実し自己決定に基づく攻防をくり返す体験を多く積み、基本に忠実な技術を貫くという信念を固めることを促し、試合の場面では自立して積極的に試合する態度を育てたいものです。基本打ち込み稽古や元立ちに懸る稽古では正しい操作正確な動作ができている者が、試合となるといきなり防禦偏重の動作に走ってしまう実態を見るにつけ、剣道試合が臆病者を育てて見過ごしているのではないかと危惧されてなりません。刃筋の通らぬ竹刀操作や打たれまいとする臆病な振る舞いを厳しく反省させると共に、正しい剣道を貫く態度や勇気をふるって果敢に攻撃を続ける潔い態度の形成を急がなければなりません。

錬成期のねらいと注意すべきこと

入門期に剣道の基礎基本と修錬の態度を身に付けて更に稽古を続け、その証しとして段位も三〜五段の段階に入ると、剣道の理合を探求する段階になってきます。身体運動としての正しい操作・動作を浸み込ませ、身体技法中心の剣道から〝心気力一致〟の剣道への過渡期といえる時期です。入門期に習い覚えた心の働かせ方や気の充実に更に磨きをかけて、気を収め気で勝って理で打つという対人的技術の妙味を求めて、稽古や試合の反省の視点も変わってこなければなりません。

修錬の段階については様々な表現がなされるが、自分が現在どの段階にあり何を学ばなければならないのか、そしてその先にどのような段階があり何が課題となるのかについて知っておくことが大切

わざの手順について考える

一瞬の勝負を争う剣道の対人技術は、竹刀操作や体さばきが敏速であることは必須の要件ですが、素早やければ勝つというものではありません。〝打ち急ぐな！攻め遅れるな！〟と教えられるように、手順を踏まず闇雲に手数を出すような剣道から脱却して、打突の好機をつくる（先を仕掛ける）ことに専念すべきなのです。剣道の定石である相手を動かして打つ技術を錬り上げる段階であることを意識したいものです。打突の好機をつくる手段には、相手の正中線を割って入る・己れの懐に誘い込む・相手の起こりを押さえるなどがあります。いずれもそれを施す機会を誤まれば技に活かすことはできず、かえって逆襲を被ることになります。先を仕掛ける機会を把かむには、気力が満々と充実し心が冴えわたる状態を自らの内面につくる術を体得しなければなりません。先を仕掛ける機会とは意識レベルではなく無意識に反射的な運動として発現できるように、激しい闘志に支えられた研ぎ澄ました心境に依拠するものです。不撓不屈の精神力（気力）を養うには息もたえだえになるような上懸かりの稽古を続ける他に道は無いと知るべきです。体調を十分整えた上で他者から強要されるのではなく、自らに誓いを立て師や先輩に請願して厳しい稽古に挑むという修錬者としての自立が求められるのです。

わざを吸収する力を養う

他者の稽古や試合を見て何を学び取るのか観点を知っておくことが大切です。打突の結果ではなく手順を見抜いたり、直前の両者の攻防様相とのつながりに視点をあててみると仕掛けの好機を理解することになり、わざの合理性や必然性を学び取ることになります。また〝技は下手《したて》に習い気は上手に学べ〟と教えられているように、気で勝って理で打つ合理的なわざを身につけるには下手《したて》のお相手との稽古であり、捨て身で打つわざは気当りの強い上手《うわて》のお相手に懸かる稽古なのです。したがって元立ちに立った際に無理無駄な打ちをくり返すようなことがあってはならないのです。

錬達期のねらいと注意すべきこと

多彩な技術力を増してゆく錬成期を経て更に稽古を継続して、高段位を許される段階になると自づと修錬のねらいや課題解決の方法も変化することになります。わざの剣道から心気の剣道へ変化するということです。年齢を重ねて身体機能の衰えは如何ともしがたく、無理をすれば故障をきたすことになるので各々の体力の現状に配慮しつつ更なる高まり（深まり）をめざさなければなりません。

剣道に風格が備わるとは

剣道は相手が動いたところを打つと教えられ、相手が動かなければ動かして打てと言われます。強く気勢を当てて剣先の威力で相手を動かす段階を経て、無駄な力味を捨て去って正しく構えて立つだけで近寄り難い威圧を与えるような段階のあることを知っておきましょう。それは待つのではなく身を捨てて「いつでも打って来なさい」という気構えをつくることでしょう。即ち先々の先という技の妙味を間合や拍子や気勢のやり取りを通して体得するのです。また立ち合う以前の道場内での一挙手一投足の立居振る舞いに無理無駄を無くし、気の収まりが滲み出るよう落ちついた言動に終始したいものです。この段階で注意したいのは他者の剣道を批判したり、自らの技前を自慢誇示するような傲慢な態度を厳に慎しむということです。求めに応じて自らが会得したものを解き明かすことはあっても良いのですが、あくまでも謙虚さを失ってはなりません。

古きを稽え、竹刀剣道を顧みる

剣道至極の境地に至ることは極めて困難なことなのですが、剣道の質を更に高めるためには、普段の稽古を怠たりなく行じる他に今一つ取り組むべきものがあります。

それは古くから伝わる剣道の伝書を読みこんでその深い意味を考察して、自己の剣道と照合して足らざるところを知ることです。代表的な『五輪書』の解説書は申すに及ばず、現在活躍中の武道論研究者の方々が読みやすく解説された書物は少なくありません。剣道月刊誌の出版元や日本武道館出版部の出版物リストの中から、興味深いものを選んで読み深めることをお奨めします。江戸時代に戦闘の武術から修養の武道へと変遷するあたりに書き残されたものから、錬達期の修錬の指標を気付かされることはよくあることです。事理一致の修錬の実践です。白刃の下に身をさらしたり木刀を携えて命懸けの立合いを体験したことの無い我々現代の剣道修錬者が、心に留め置くべき心の働かせ方や気の置きどころについて、何か一つでも「ああこれか！」と合点することになればしめたものです。

相手を一本でも多く打ち勝ちたいと竹刀を振り回したり、早く昇段したいと打つことばかりに専念するのではなく、剣道修錬のめざす己れに克つ人間力の涵養に重きを置きたいものです。

争心無しの剣道とは

私の高等学校時代の師松井松次郎（範士九段）は、「剣道至極の処」と題して次のように教えています。

剣道至極の処
構え無く作為なし
心自然なれば即ち進退自由

門堅固なれば入るに難く出づるに難し
出でず入らざれば己が技施こす能わず
故に構えの門一切あるべからず
彼我入るに自然出づるに自然
剣道の妙この間にあり
題して「心外無門」

当時既に八〇歳を越えた老先生が、血気盛んな青年剣士を何人も相手して息一つ乱さず終始にこやかに遣っておられたのは、「心外無門」の境地に至っておられたものと推察できます。

稽古のあり方

稽古の語義

稽古とは申すまでもなく古《いにしえ》のことを考え調べるという意味に用いられ、武道や諸々の日本の伝統文化の分野で練習とは言わず稽古と言い慣れています。つまり現代に伝承されている技法や精神性について、創始の原点を常に心に留め置いて学習の域を越えた修行という概念を含むものと考えておくべきものです。単に習い覚えて身につければよいというのではなく、錬り磨く鍛錬の過程を通じて己れ自身を顧みて、人間力の蓄積に励むという意味合いを強く持っていると理解しておかなければなりません。一方、練習やトレーニングというものは、ある目標を定めてそれに到達するための実践的営みをさし、動作などが目標に向かって合理的に改善進歩することを求めているものです。

つまり稽古には実践者自体の内面的変化（気の充実や心構え）を問題に把えていると考えておくべきです。

　例えば、試合することや審査を受けるという事象を考えたとき、勝つことのみ合格することのみに価値を置くという結果重視の立場に立てば、負けや不合格は失敗と受けとめることになります。しかし試合も審査も稽古の一部と把える過程重視の立場に立てば、己れを振り返る有効な契機と受けとめることになります。

　剣道技術の修得が、勝つため、合格するための手段と把えられたのでは、ややもすれば理法を外れた技を用いる形無しの剣道に陥ったり、形骸化したかたちにこだわって精神的要素の修得を忘れたりしやすいものです。しかもそれは更に技法の劣化にとどまらず、剣道修錬者のもっとも尊重しなければならない礼の精神性や廉恥心さえも失なって、技の習得を通しての人間性の涵養という、精神文化としての剣道を冒涜することにさえなりかねないことを知っておかねばなりません。

　稽古には、わざに内包される精神性（気や心の働き）を重視し、己れの現実を潔く省みて思念し続ける修行者としての態度が欠かせないのです。特に剣道のもつ対人性という特性から、わざに内包する精神性を学ぶ要素が多く、お相手によって自己の精神性の学びの機会が与えられることを重く受けとめておくべきです。そこに相互肯定の社会性の萌芽があると把えておくべきなのです。

　剣道修錬において勝負に勝つことを目標に掲げることは当然ですが、修錬の過程ではあくまでも主体者である自己と正面から向き合って、気や心の働きの向上を図るのです。〝気を収め気で勝って然る後理で打て〟と教えられている意味を深く探りたいものです。剣道の技法にはさまざまな制約があり、傍若無人の振る舞いは厳しくたしなめられており、抑制の中に自己実現を図ることが人間性の涵養につながる稽古内容であることを忘れてはなりません。構えや動作の美しさや打突の冴えを求めて理想に近づくには、〝百錬自得〟と教えられているように、常に自己との対話が欠かせないのです。

稽古内容の方向性

中林信二は『武道のすすめ』（昭和六十二年・中林信二先生遺稿集刊行会）の中に、稽古について○稽古照今、○専念・集中、○型の習練、○反省・工夫、○個性・主体性、○無私という柱を立てて、詳しく稽古の方向性を示しています。いずれも私たちがめざすべき稽古の方向性について分かりやすく説かれており、氏の没後三十余年を経た今日改めて氏の説いておられる武道としての剣道稽古の内容や方向性を痛感させられます。そしてまた修錬の主体者としてのみならず、伝統の継承者・指導者としても是非とも心に留めおいておかねばならないものと受けとめられるのです。従って原文をそのまま提示することは憚られますので、要点を引用して参考に供します。

稽古照今

ここでは「古事記」の序の冒頭に出てくる〝稽古照今〟という言葉や内容が、中世以降武道や芸能の伝承に稽古という表現が用いられるようになった経緯について触れています。『「稽古」という言葉は「練磨」、「錬成」というような、練り磨くという、より積極的な意味があるようで、学習することが、その態度の上においてより一層「行」的な意味を持つようになったともいえる。そこには、「心構え」という、学習や実践以前の内容や、それ以後を通じての「人間の生き方」までも含んだ概念を持っている。』と規定しています。

専念・集中

ここでは世阿弥の「風姿花伝」などを中心に稽古の入口について説いています。道の修行に入ったならばただ一途にその道に専念すべきであり、他の物事に心を働かしてはならないという厳しい修行者の態度が求められていたという伝統を以下のように示しています。『つまりその道のためにならないことはすべきではなく、稽古はあくまで強く、しかし頑固さや争い心を持たないで素直に純粋に道に専念集中すべきことを説いている。そしてこの専念・集中すべき道は、ただ技を学ぶ時のみではなく、生活のすべてを一つに集中統一することであって、日常茶飯、行住座臥すべて「道は一つ」でなければならない。日常生活における所作進退に道として意を用いることは、数多くの武道伝書にも述べている所である。つまり生活の仕方、人の生き方をも含んだ心構えの問題である。』

現代の私達にとっては、ここで示された専念・集中の態度をそのまま受け入れ実践することは甚だ困難と言わざるを得ません。しかしながら剣道修錬への興味感心が、自己解放感を享受するレジャースポーツのそれとは大いに異なることを示唆していると解することが大切です。また稽古は他者からの強制や名利を求めるものではなく、自らの誠心誠意を尽して向き合うことの重要さを示していると、認識しておかなければなりません。

型の習練

日本の伝統文化はかたの文化と言われ、武道の技法の根本はかたの中に凝縮含有されていると考えられています。他のスポーツ種目では運動課題の解決にあたって、型にはめこむことを〝鋳型化〟といってそれを避けて、個の自由を尊重するのとは大いに趣きを異にするものです。武道のかたは、先達が幾多の苦行の末に会得したものを、後継者に伝承するにあたって、無駄なものを削ぎ落して、真髄となる法則を学び取らせるために凝縮した様式（型）として伝え残してきたものです。従って技術のみならず精神性をも汲み取らせようとしていると考えなければなりません。中林は、『稽古の目的は、本来型を学ぶことであって、その精神や位、風格といったものは、忠実な型の繰り返しと、型の体得によっておのずと自得されるものである。師の教える型に寸分違わないように真似ならい、その事に一筋に打ち込む心構えが重要であるとする。「まなぶ」という言葉は「まねる」からきているのである。このように稽古は、型を忠実に繰り返し、型の中に自己を投げ入れ、そしてその窮屈な型の中に大いなる自己を生かしていかねばならないのである。』と述べて型を学ぶことの重要性を説いて、剣道の競技偏重傾向を危惧しているのです。

私達も日常の稽古を顧みた時、基本通り（型通り）の正確な動作・操作で、お相手に見事な一撃が打てたかどうか自問したとき、型の学びがいかに奥深いものであるのか、思い知らされることたびたびです。型通りに打つことを避けて競技的要素にのみ着眼していたのでは、気合・姿勢・太刀筋・刃筋・間合い・冴え・残心といった、伝統的要素を軽んじることとなり、文化の薫りを失なうこととなるのです。私たちは精神的要素を含む技術の修錬にあたって、競技の側面よりも型の修習に重きを置くことを避けてはならないのです。

反省・工夫

稽古は、先達の伝え残した型や師の教えを忠実に繰り返し錬り上げることですが、繰り返すなかで何をつかみ取るのかは修行者自身の課題であって、詳細に分析説明して教え与えられるものではありません。学びはまねるに始まると言われていますが、確かな主体が自覚されてこそ、真似るが学びとなり個性の礎をつくることになるのです。

私は高校二年生の時に初めて松井松次郎師に稽古をお願いした際のことを今も鮮明に覚えています。蹲踞から立ち上がって直ぐに一歩前に出て交刃の間となり、そこで掛け声を発したところ、先生は手を横に振って蹲踞してしまわれたのです。つまり交刃の間に入ってから掛け声を発するものではない！　十分な遠間を取って、十分な身構え気構えで上虚下実の構えをつくり、それをお相手

稽古には、わざに内包される精神性（気や心の働き）を重視し、己れの現実を潔く省みて思念し続ける修行者としての態度が欠かせない

に当てるように交刃の間に入るものだ！ということを無言で示されたのでした。先生は一言も言葉で教えられませんでしたが、私はこの体験をもとにわざの手順を考えるようになり、〝機〟をとらえることの機微を考えるようになったものです。中林氏は、『束縛、受動的、没個性的な型の反復が、自由、能動的、個性的な技の体得へと跳躍する稽古の構造、この矛盾的自己同一性を可能にしているのは、実にこの反省・工夫・考案といった自己内省的なものなのである。』として武道修錬による個の自律的成長の手がかりを示しています。私たちの青年時代の剣道指導者の多くは、技のつかい方について言葉にすることはなく、自らその技を施して習技者に見取らせるのが常でした。例えば難解な〝攻め〟について考えてみると、師に攻め立てられ引き出され

て打って出てしまうことの繰り返しの中で、反省・工夫する気構えがなければいつまでも攻めを自得するには至らないものです。攻められた時打たされて応じ技を被った時の自他の、時間的空間的心理的関係を反省し工夫を重ねて繰り返すなかでこそ、攻めの理合いに近づくというものです。

四十歳代前半の頃に吉富新師に稽古を願っていた時のことが思い出されます。いつものように気負いの見えない師に詰め寄られながら、それに耐えて僅かに気当りを試みて攻め返した瞬間、師の手元が僅かに動いて「アッ！　しもた動いてしもた！」と声を発せられたのです。実はほんの一瞬のことで私は打ち込むには至りませんでしたが、攻めの機を考える契機となり、五十歳を過ぎた頃にようやく、僅かにそれらしいものに気付くことになったのです。

要するに、稽古の数をかけることと理合を考えることが両輪の如く錬り上げられて、はじめて技の妙理に行きつくのであり、素直に受け入れつつ自己を省みる心掛けなくしては、上達への道は開けないと知っておかねばなりません。試合の体験も然りであり、〝勝ちに不思議の勝ちあり、負けに不思議の負けなし〟と言われるように、あくまでも自己内省する態度こそが自己実現・人間的成長の源であると信じて取り組みたいものです。

個性・主体性

何ごとも事を成就するにはいくつかの条件が必要なことは申すまでもありません。剣道の上達についても同様で、年月を重ねても良き師をさがせと言われています。また道歌に「好きと巧み上手の三つを比ぶれば、好きこそものの上手なりけり」と説かれているように、その道を好み喜んで励むことが奨められています。巧みとは天性の素質の持ち主をさしていますが、これに慢心していたのでは、やがて行き詰ってしまい興味すら失ってしまいやすいものです。中林氏は、『素質というものは、稽古によって自分自身の技とするための自分に持っている能力のようなもので、すぐれた素質は稽古を積まなければ現れてこない。生得の素質と稽古によって得た力が一つになって、はじめて芸が自分のものになるのである。素質があるかないかは、稽古を重ねなければわからないものであって、素質がないように思われた人の方が、一つの技を体得するのに数をかけ正確に行うので将来進歩することがよくある。』と、稽古することが実は、個性・主体性を確立し続けることと不可分の関係にあると説き、修錬者の心すべきところを示しています。

無私

事を習い修めようとする時、先に個性・主体性を重要視することについて触れましたが、〝私心〟とは全く違うことを知っておかねばなりません。私心とは、自我・利己心であり、我がままな心をさしており、稽古に臨んでは私心を捨てきって〝直心〟を心掛けることが大切なのです。中林氏は、『自我を厳しく抑制し、先人の型や師の教えの中に自己を投入することにより、教えや型が自己の中に、まさに鏡に物が映るように入ってくるのである。事実武道の稽古で、足りないところや癖を注意されても素直に直そうとしない者はあまり進歩しない例をよく見る。このように純粋な一念（自己が無になること）が道を行ずる者の心構えとして不可欠なものなのである。』と説いており、素直な心こそが進歩につながることを示しています。この心構えは武道修錬の域を越えた社会生活の万般に通じるものと言えるでしょう。また修錬者のみならず武道指導者として責任の重大さをも示していると解されます。つまり習技者への教えに誤りは許されないということであり、子弟の現状に鑑みてその道の原理に基づく真理を、適切な表現によって示唆するよう務めなければならないのです。その交互作用によって純粋な心で稽古に励む子弟は、安直な方法に走ることなく、深遠ではあるけれども興味の尽きない明確な目標をつかむこととなり、苦しい修錬をも敢えて取り組み続けることになるというものです。

以上稽古のあり方について触れてきましたが、最後に読者の皆様に是非とも武道伝書に触れることをお奨めいたします。技法の疑問や壁を感じた際に改めて読み込んでみると、はっと腑に落ちるものに気付くこと間違いありません。つまりわざを己れのものにすることにつながるのです。また、剣道の術理を越えた人の生き方にも示唆を受けることになるものです。

本稿でも取り上げた、中林信二氏の『武道のすすめ』と湯浅晃氏の『武道伝書を読む』（平成十三年初版・日本武道館発行）を推薦して結びとします。

剣道における礼のとらえ方

礼法とは

礼法とは端的には礼の作法ということであり、立礼や座礼や礼の対象によってその正しい方法が伝承されています。「礼は表には端正な姿勢をもって、内には深甚なる敬愛の念をもって行うべし」と教えられているように、形式と同時に心持ちのあり方を重視するものです。

我が国に伝えられ実践されてきた礼の思想は、古く儒教教典とされる五経の一つ「礼記」にその端緒があると考えられます。皇帝の権威と尊厳を重んじ社会の秩序を維持するために人の踏み行うべき道徳的観念として位置づけられたことに始まっているのです。つまり崇高偉大なものに対して、かしこまり敬うことが礼の根源であることは確かですが、時代を経て社会の変容とともに多少の意味あいの変化も加わることになります。我が国では、王朝時代（奈良・平安時代）から武家時代（鎌倉・江戸時代）に移り、武士道が発達することとなり、武士の守るべき道徳の中核として礼が重視されることとなってきます。即ち儒教思想の影響を強く受けて、〝顕正〟〝廉恥〟〝勇気〟〝謙譲〟などと並んで〝礼節〟が武士の重要な徳目として位置づけられてきたという歴史があるのです。更に武士の表芸であった剣術修行にあたっても、技術の修業がそれのみにとどまるのではなく、道徳性の涵養と相俟ってこそはじめて治世の責任を全うすべき武士の素養の礎となると考えられてきたものと理解できます。従って現代社会に生活し、剣道修錬に勤しむ私たちにとっての礼の実践は、厳しい攻防技術の修錬の中に実は社会秩序を維持する道徳心の涵養へとつながっていなければならないと自覚すべきなのです。武士ではない私達現代の剣道人は、武道の伝統を継承する剣道人としての誇りと自覚に立って、礼儀を重んずることは即ち〝顕正〟〝廉恥〟〝勇気〟〝謙譲〟〝精進〟などの武道の徳目と併せ修められることとの重要性を改めて認識しておかなければなりません。直言するならば、〝礼の実践はペコペコと低頭することではない！〟と改めて自覚し、真の礼は剣道稽古の全てを通じて学び取り、技術の修錬と精神の修養を併せ実践し伝承していかなければなりません。

礼に始まり礼に終るとは

〝剣道は、礼に始まり礼に終る〟という表現は多く用いられ、剣道の文化としての価値を社会的認知を得ていることは周知の通りです。ところがこれが、道場への出入りや稽古・試合の開始と終了の礼のみで事足れりと誤解されてはいないかと危惧されてなりません。そうではなく、剣道はその修錬にあたって終始一貫して礼を重んじる精神性（畏敬の念・誠の心・敬愛の念など）が兼備されていなければならないことを教えているものととらえておかねばなりません。つまり、〝非礼〟〝失礼〟〝無礼〟とは何なのかをよく知り、それを一切行わないという誠実な強い信念を貫くことこそが、〝礼に始まり礼に終る〟という真意なのです。

道場の出入り際して一礼するのは、〝身と心、わざを鍛えて良き人となす道の場ぞ疎かにすな〟と道歌に詠われているように、道場を神聖視する心持の表れとして、常に清潔・整頓を保つ心掛けと相俟っていなければならないものです。更に履き物を揃えておくなどの心得も、万事に備える武の嗜みであり礼の一環と心得たいものです。

神殿・神前に一礼するのは、武道をつかさどり武運を守る武神への畏敬の念の表れであり、邪道に走らぬという誓いの心（誠心）の表現であるべきです。従って正道を知り邪道を覚ることが先ず重要な修錬の課題であり、剣の理法を学ぶこと即ち事理一致の修行に勤しむ誓約の礼の実践ととらえなければなりません。〝姑息な振る舞いをしません〟〝臆病心を起こして卑怯な振る舞いに走りません〟〝気を乱し粗暴な振る舞いをしません〟などなどを誓う心が武神への礼法と心得るならば、自らを律する誠実な人格の形成へとつながるというものです。

正面（上席）への礼は、伝統文化の総轄を負う人物や斯道の先達に対する畏敬の念と誠心を誓うことなのです。〝剣道精神に則り正々堂々と行います〟という宣誓と同様であり、武神への誓いと同様の心持ちが備わっていなければなりません。

相互の礼は、相互肯定・相互尊重の心持を基盤としての誓いの表現であるべきです。〝お互いに精一杯最善を尽くしましょう〟〝手加減ご遠慮は無用です〟〝不正はもとより不当・姑息な振る舞いはいたしません〟という潔い決意を誓い合うものでなければなりません。また〝自他同根〟〝師弟同行〟の間柄を認め合い、敬愛の念に基いた礼が交わされて稽古や試合が開始されるのであり、心持ちの伴わない軽卒な交礼は厳に慎しまなければなりません。終りの礼に際しては自らを省みる態度が先ず大切であり、良い結果はお相手のお陰で、悪い結果は己れに原因を探す潔い心持ちを忘れてはなりません。好ましくない態度や不当な振る舞いに出合った際には、〝他人の振り見て我が振り正せ！〟という清廉の態度を貫く心の豊かさを修めたいものです。

以上のように、終始一貫礼の精神で稽古に勤しむ態度こそが剣道修錬の心構えとしてもっとも重要視しなければならないことを強調しておきます。礼の精神を忘却した剣道は文化の薫りを失うばかりでなく、粗暴危険な運動へと退化してしまうのではないでしょうか。ここで改めて剣の理法を探究し合うことの重要性と奥深さを認識し、〝競技の末に走ってはならぬ〟と戒めた先達の教訓をかみしめて、剣道の文化的価値の継承に励まなければなりません。

蹲踞と気力の関係について

剣道では、提げ刀して立礼した後帯刀し、進み出て蹲踞の態勢を取り、稽古・立合・試合に備えるという独特の礼法を受けついでいます。この一連の動作では、正しい姿勢や足捌きや刀法（竹刀

師弟同行・自他同根の精神性こそが、剣道が礼を重んずる文化的価値であることを深く認識したい

捌き）に呼吸法や目付けが適正に伴ってはじめて気構えをつくることとなり、動作の美しさも醸し出すということを知っておかねばなりません。決っして軽卒に動作することがあってはなりません。

先ず立礼に際しては、その目付けがしっかり活きていなければなりませんが、〝遠山の目付〟と言われるように、大きく包み込むようにお相手をとらえておくことが大切です。立礼の後進み出て間が近づいても特定の部位を凝視することなく、眼を見て心を読むことを心掛けたいものです。

また提げ刀から帯刀に移る際には左手親指で鍔を押さえて抜刀に備え、右足前の態勢で抜刀する際には、鞘の方向を意識してその方向に添うように抜き中段の構えにもってゆけば、自ずと〝袈裟に斬る〟ような操作となるものです。無造作に抜刀して剣先を自分の左上から右下方向に下ろしてきたり、真上から下ろすようでは刀法の理を弁えた所作とはならないことを知っておきましょう。

次に呼吸と所作の関連についても十分留意しておかねばなりません。即ち、立礼を終えて帯刀に移る際に下腹部（丹田を意識）に吸気して、それを溜めたまま右足から進み出るのですが、足を前に出すのではなく腰を入れるに従って足が自然に出るように意識して、腰主動の体の運びを習得しなければなりません。そして、進み出て程良い間合に近づいて抜刀して蹲踞の態勢に入る際には、下腹部の張りを失わないように静かに僅かずつ呼気しながら安定した蹲踞の態勢におさまって、次の局面に備えるのです。立ち上がる動作と下腹部への吸気を同期させ、右足を半歩前に出しつつ吸気を一気に下腹部に（丹田あたりを意識して）押し下げて、上虚下実の身構えとなるのです。

そして剣先の触れ合わない遠い間合でお相手の気を読み機をはかって、己れの気勢をこめた掛け声を発する機会を探るのです。立ち上がりざまいきなり掛け声を発したのでは、お相手に気を読まれ（焦り・打ち急ぎなど）心の隙（虚）をつかれて窮地に陥ることになりやすいものです。あくまでも落ちついて己れの気を収め、お相手の気を読み機を探る余裕ある出だしを心掛けることが肝要です。

立礼→帯刀→前進→抜刀→蹲踞→立上がりという一連の動作については、日本剣道形稽古の仕太刀の所作の要点を大いに参考にしたいものです。即ち、打太刀に従って動作を起こすものの、間合が詰った際には打太刀を凌ぐ気勢の充実した気構・身構をつくるよう心掛けるのです。

また下位のお相手との稽古に際しては、打太刀の心持ちでお相手を引き出すように、所作動作を先導しつつ下位のお相手を包みこむような気構えを習熟するよう心掛けることが肝要となります。

以上のように蹲踞の態勢では既に抜刀しており、臨戦の態勢といえるのですが、気勢を表に現わすことなく冷静かつ懐の深いしかも不動の気構えが備わるように、立礼からの手順に十分留意したいものです。立礼して前に進み出るに伴って湧き上がる闘志を、蹲踞することによって一度静かに呼気するとともに丹田あたりに収めることは、次の局面（立ち上がって攻防に備える）に臨んで更に一段と強靭な気構えを仕上げることとなることを知っておきましょう。

懸りの稽古における懸り手の礼とは

礼法が所作の形式のみではなく意識を伴うことによって気の構えにつながることは、先に述べていますので、ここでは各種の稽古に臨んで立場を弁えた礼のあり方について考えることにします。

剣道の修錬について私は、素振り独り稽古→切り返し打ち込み稽古→懸かりの稽古→仕合う稽古と積み上げるべきと考えています。

即ち、自己の体内に剣道の基盤となる体捌きや竹刀操作を数をかけて行う素振りや空間打ちなどの独り稽古が先ず在りきであり、長じても常々心掛けて行うべきものです。

次に、打ち間や打突後の体のさばきなど対人性を習い修めるための切り返し打ち込み稽古が位置づけられます。この稽古では単に体勢や刀勢の習熟を図るのみではなく、上位者（元立）の誘導に従いつつも、激しく打ちかかって気勢の充実を図り、気剣体一致の基礎づくりに取り組むのです。

独り稽古や切り返し打込み稽古に続いては懸りの稽古が位置づけられます。上手の元立ちに対峙して精一杯の気力をこめてあくまでも先を仕掛ける心持ちで、習い覚えた技を一打一打全身全霊で打ちかかり、捨て身の攻撃力を錬り磨くのです。剣道の基礎・基本の習熟を図るこれらの稽古は、それを受けていただく上位者（元立）の存在があってはじめて、それぞれの稽古のねらいが達成されるものです。従って懸り手側にはそれ相応の礼が弁えられなければなりません。

立ち上がりざまいきなり交刃の間に入るのは失礼な振る舞いです。即ち気勢を充実させることなく打ち懸けるのは、上位の元立ちに対して軽卒な気の抜けた打ちを放つことになるからです。立ち上がったならば先ず十分な遠間を取って発声とともに気勢を溜めて、鋭く先をかけて攻め入り、一打ちで止めてしまうことなく、息の続くかぎり連続して激しく打ち懸る心掛けが礼に叶うというものです。

切り返し打ち込み稽古や懸りの稽古の途中で　ひと息ついて気を抜くのは失礼な振る舞いです。

これらの稽古は精魂を込めて励行すべき相当に負担のかかる厳しい稽古です。それを受けいただく上位の元立ちに対しては、〝気力・体力の全てを出し尽くしますのでどうぞ受けとめてください〟という決意と誠意が備わっていなければなりません。従って途中で一息つくのは気力・体力の限界域を伸ばし強い気勢を養うという稽古のねらいを達成できないばかりではなく、上位の元立ち側の〝身を挺して受けます、どうぞ精一杯お励みください〟という誠意に叛くことに他ならないのです。

地稽古における懸かり手の礼とは

上位の元立ちの気当りを避けてたびたび引き退ったり、待ちの態勢から打とうとするのは失礼な振る舞いです。いわゆる地稽古に際しては、〝初めの一打ちは互格の気位で臨み、技の成否を確かめた後は懸り手はもっぱら先を仕掛けて捨て身で打ち懸るべし〟と教えられています。しかし近頃ではこの教訓が忘れ去られて、終始互格に対応して当て合う稽古に退化している様が横行しているようです。〝稽古をお願いする〟〝稽古を頂戴する〟という謙虚さを弁えるという剣道界の美風を取りもどさなければなりません。当然のことながら上位の元立ちの側にも厳しさと敬愛の念を兼ね備えた振る舞いに徹する誠心を貫く態度が求められ、それがひいては風格をつくり上げることも忘れてはなりません。

以上のように立場を弁え決意と誠意を伴った切り返し打込み稽古や懸りの稽古を励行すれば、終えた後に自ずと〝受けていただき誠にありがとうございました〟という感謝の念が端正な姿勢の礼として現わされるのです。しかも身も心も相当に疲れきっていても、身を正し端正な姿勢で終礼を全うする態度は、自律的人格の形成につながるというものです。

懸りの稽古における上位の元立ちの礼とは

先にも述べたように懸り手は精魂尽きるまで精一杯打ち懸って、技と気力を磨こうとするのですから、上位の元立ちも相応の態度（礼）を備えて対応せねばなりません。

下位の懸り手の体力・気力や技量の程を的確に見抜いて、適切な間合取りや気当りを施して稽古の持続時間を頃合いよく仕上げるのは、相手を思いやる礼のあらわれです。度を過ぎた稽古の持続や無謀な間詰め、あるいは気の抜けた振る舞いは懸り手の人格を無視した失礼な振る舞いであり、厳に慎しむべきです。

懸りの稽古を受ける際に懸り手の理に叶った打ちがあった時、それを認めようとしないのは懸り手の人格を無視した貧しい心の現れであり失礼な振る舞いです。懸り手の無理な打ちや不十分な打ちは、それを封じたり応じ返したりしてその非を自覚させ、理に叶った打ち（攻めの機会や気勢及び体勢や刀勢など）は打たれて懸り手の会得を促すのが元立ちの務めであることを励行しなければなりません。打たれたことに気を荒立てて無理・無謀な対応で懸り手を苦しめるようなことは礼を失するばかりではなく、剣道の文化の薫りを汚す非礼な振る舞いであって、決してあってはならないのです。

〝師弟同行・自他同根〟の精神性こそが、剣道が礼を重んずる文化的価値であることを深く認識したいものです。

以上のように上位の元立ちは懸りの稽古を受けた後は、懸り手の努力を認め〝よく頑張りました。あなたの精一杯懸る態度に敬意を表します〟という敬愛の念をこめて端正な姿勢で礼を交わすべきです。

互格の稽古における相互の礼とは

上位の元立ちと対峙して自己の技術と気力を錬り上げる懸りの稽古に続くのは、己れの技術や気力をお相手と競い仕合う稽古が位置づけられます。段位や経験に若干の差はあっても互格の稽古では、あくまでも有効となる一本を決めて相手に勝つことをねらいとする厳しい態度で臨むべきです。打ったり打たれたり途中で気を弛めたりなどして、歩合いを楽しむものであってはなりません。それだからこそ〝不当・姑息な振る舞いはいたしません〟〝手加減はご無用です〟〝容赦はしません〟〝お互い精一杯やりましょう〟というような決意を込めた誓いの礼に始まるのです。稽古の途中で一本打てた際には、今のでよかったかと省み、一本打たれればお相手に感謝する心掛けが大事です。一本打つとは当然確かな残心をも含むもので、打っては引き上げて気を抜いたり、打たれても後打ちしているようでは稽古になりません。また打たれまいともっぱら防禦態勢をとったり待ちの態勢を頻発するのは、嫌味な振る舞いでありお相手に対して著しく礼を欠く振る舞いであることを肝に銘じなければなりません。互格の厳しい稽古を終えた後は、〝お陰様で良い勉強になりました〟という清々しい心持ちで端正な姿勢で礼を交わすのです。

〝あの人とは二度と稽古したくない！〟と思わせることなく、〝相当に打たれたけれどもあの方ともう一度稽古を願いたい！〟と思わせるような礼を弁えた剣道人でありたいものです。

構え

構えの考え方

剣道修錬における〝構え〟は広義にとらえて、修錬の取り組み方に関連して心構え・心掛け〟をも含む場合があります。これは剣道が競技の娯楽に興ずるものではなく、修錬・修養という特性を持つことに由来しています。これらについてはこれまでに、〝剣道のとらえ方〟〝剣道の学び方〟〝剣道修錬のねらいとあり方〟〝稽古のあり方〟〝剣道における礼のとらえ方〟という項目で多く触れてきたところです。即ち「心身一如」の人間観を基に技能を磨き合い人格を高め合うという剣道観の確立こそ肝要ということです。〝心正しからざれば剣また正しからず〟と教え伝えられている伝統は剣道修錬者の心構えの最たるものと自覚されなければなりません。

一般的には立ち姿や動態をさす〝身構え〟と、精神作用の基となる〝気構え〟や対人性における意識の置き方としての〝心構え〟を問題にして考えられるものです。

初級から中級の段階に至って、様々な技能（わざ前）を高め合うに際しても、心の置き所や心の収まりが竹刀捌きや体捌きの成否に深く関わることを学び取らなければなりません。更に上級の段階に至っては、高段位の取得をめざした立ち合いの内容に目を向けるようになり、心技体の切り離せない関係性を自得することが求められるのです。つまり心の働き・気の働きをいかに修めていくかが重要な修錬の課題となることを知っておかねばなりません。

先ず身構えについては対人性との関連で考えておくことが大切です。即ち①お相手への威圧の与え方、②彼我の関係性（間合と機会）、③次の局面への備え方の視点から身構えを見直してみることです。しかも①②③は独立して考えられるものではなく、相互に密接に関連し合って考えられなければならないことを知っておきましょう。

①に関して威圧とは、お相手にとって「とても近寄り難い！」とか「今前に出れば即座にはね返されそうだ！」とか「今打って出れば即座に応じ返されそうだ！」と感じさせるような頑強な身構えをさすものです。偏りの無い均整のとれた立ち姿であって、しかも即座の打ち込み感じさせる身構えをさします。ところがもう一つお相手にとって「今なら打って行けるぞ！」とか「どこでも打ち込めそうだ！」と思わせるようなフワッとした真綿のようなゆるやかな身構えも考えられるのです。

また、下位のお相手を引き立てる際には、お相手の気勢を受け入れるような身構えでもって間を

剣先は己の気勢の発射口と心得て、常にお相手を脅かす働きを成すものであること

詰めることによって、懸りの稽古を引き出す身構えのあることも知っておきましょう。更に、互格のお相手との稽古や立合いにおいては、先ず頑強な壁を作るように身構えて威圧を与えることが肝要です。互いに安易には間を詰めることはできないものですが、それでは局面を打開して好機をつくるには至りませんので、身構えに僅かな変化を伴って攻めの詰めを施すことが肝要です。お相手の正中線にくさびを打ち込むような詰めや、頑強な壁を急にゆるやかな真綿の壁に変貌させたりなどして、お相手の動揺を引き出すのです。つまり威圧という観点からも、身構えは一定に固めるのではなく必要に応じてはじめて用を為すものと考えておかねばなりません。

②彼我の関係性（間合と機会）とは、まさに対人的攻防技能の要となる空間と時間と構えの変化を工夫するということです。身構えは絶えず変化する両者の関係性に適切に対応変化してはじめて、攻撃と結びつくことを知らねばなりません。〝懸待一致の構え〟が重要なことはご承知の通りです。私は絶妙の技は彼我の懸りと懸りの刹那に生起すると考えています。しかもそれは単純な懸りの衝突ではなく、懸から待への移り際や待から懸への移り際をすかさずとらえる躰の運用を自得することです。お相手の僅かな足の動きや、体の重心移動を察知して（または引き出して）逃がさないことです。そこには間合の取り方や機会のつくり方を、即応可能な身構えと相俟って会得するという課題が存在します。機会をとらえ打ち間に入っても己の体重心が前にかかり過ぎたのでは、お相手に起こりを察知されて出頭を打たれることはよくあることです。また近頃では良い機会をとらえて打ち間に入っているのに、防禦の身構が先行して捨て身の攻撃につながっていない様が多発しており気がかりでなりません。

③次の局面への構えとは、残心に充ちた身構えであり、攻撃のつながりを生起する身構えの要所をさしています。古くから〝引き上げ〟と言って、一打ちしては気を抜いてお相手に構わず己れの構えを解いてしまうことを、厳しくたしなめたものです。相互の多様な動きの中で、間合いは切れ（離れ）ても気と気のつながりは常に張っておくべきと教えられています。当然身構えは打突直後に直ちに安定を保ち、上虚下実の態勢を維持して、如何なる局面にも即応可能な身構えでなければなりません。

私は残心に充ちた身構えの条件として、①お相手に対する目付けを外さない、②気勢をゆるめたり途切れたりしない、③即応可能な身構えを維持する、が必要と考えております。日本剣道形十本のすべてはこの条件を備えて、相互の関係が常にピンと張った糸のように結ばれているところから学ばねばなりません。太刀の形七本目で打太刀が一瞬仕太刀を見失うことがありますが、直ちに向き直って仕太刀をとらえるところも、身構えの重要な教訓が含まれているところです。

近頃、残心の身構えを誤解して、打っては相手の横をすり抜けて背を向けて走り去って彼我の縁を切っている様が多発しており気がかりでなりません。お相手に背を向けて走り去っておいて、遠くで取り繕ったように正対している様は、ゴールにボールを蹴り込んだ後お相手を無視して歓喜している様と何ら変わらず滑稽にすら映ります。

以上述べたように、〝構え〟とは以下の要点に留意して常の稽古で会得したいものです。

①心身一体の働きの基をなすものととらえること。

②右足前自然体を基盤として、固型化せず偏りの無い姿勢を心掛けること。

③臨機即応の備えを失わないこと。
④心身ともに上虚下実の備えを失わないこと。
⑤身の構え柔かく、気の構え剛くを心掛けること。

目付けと剣先の付けどころ

身構えを更に有効にするのは目付けと剣先の付けどころを工夫することです。目付けについては古くから〝遠山の目付け〟や〝観見二つの目付け〟などが教え伝えられているのはご承知の通りです。これらの教えを常の稽古において心掛け会得することは容易ではありませんが、稽古を反省する際に目付けに関心を持つことは必要です。

目付けは心の構えや気構えと密接に関係し合うと考えられ、広い意味での目付け即ち目配りと、相対峙した際の目付けについて考えておかねばならないと思います。つまり自己の立場を考慮したり、相互の気構えの強弱や濃淡と関連づけて、平素から可視的刺激をどう受容して反応すべきか考えておくということです。以下いくつかの例を取りあげてみることとします。

(1) 通い慣れたいつもの道場に入った際、その全体を視野に入れて、常の様子なのか何かの異変がないかと直ぐに察知して対処することも、稽古の開始に備える大事な目配りであり気配り気構えのもととなるものです。

(2) 道場に入ってすぐに人の気配を察知して対応するのも、目付けと深くかかわっており、〝場を読むに後れを取らぬ〟という大切な心得というものです。

(3)　試合会場や審査会場に入場した際、局所局所に目移りしてキョロキョロ見回しているようでは、立合に向けての気の収まりを妨げてしまうものです。全体を見て尚かつ要所を確認して誤りの無い目付けを身に付けておかねばなりません。

(4)　相対峙した際の目付けについて大切なところは、彼我の間合との関係です。立ち間合での目付けと触刃あたりまで近づいた時の目付けが、気構えとも相俟って常に一定に保たれることが大切です。つまり遠くででも近付いた際もお相手を包み込むように、穏かで涼やかな目付けを心掛けて、己れの心を察知されないように心掛けなければなりません。

(5)　触刃の間から交刃の間（一足一刀の間）あたりを出入りして気競り合いを争う際も、一点を凝視することなく、眼を通して心を察知する目付けを会得したいものです。己の激しい気迫を鋭い眼光に現して厳しく詰め寄ったり、広く全身を見るように穏かで涼やかな目付けでそっと身を寄せたりと、目付けの工夫によって、お相手の動揺を引き出すのも、重要な技の一つとして使い慣れたいものです。

(6)　己れの心の働きをお相手に察知されないように、敢えてお相手の眼を見ずに突き垂れ部や喉元あるいは額に目を付けることも、時によって有効な目付けとなることも承知しておくべき方法です。

以上のように目付けを固定的に捉えるのではなく、眼を見て心を読むことを基としながらも、彼我の間合や機会によって眼力と目測を活かした多様な目付けを駆使して、先を取り主導権を維持した稽古や立合いを進め得るように目付けを大切にしたいものです。

剣先の付けどころ

次に目付けと同じく重要な構えの要素として剣先の付けどころについて考えてみます。剣先をお相手のどの部位に付けるかについては、古くから中段の構えの名称のちがいとして伝えられているのはご承知の通りです。

両眼の中央や左眼や眉間など顔の部分に付けるのが一般的ですが、お相手の臍のあたりに付けるという独特な構えも用いられたようです。

剣先を付けるとは、物理的空間的なことではなく、心を向けるということと理解しておかねばなりません。彼我の心の交錯がきびしくなる触刃から交刃の間あたりでの剣先の付けどころが問題となるのです。また剣先という点の問題ではなく、手元から切っ先への線とその延長ということも意識されなければなりません。従って触刃・交刃の間合では剣先の高さは、お相手のその部位の高さよりも随分と低く位置することとなります。また右足前自然体で右手前に竹刀を構えるので、右甲手部は竹刀の裏鎬側にややかくれることとなるのが自然の中段の構えということになります。しかし激しく変化する彼我の動きの中で、剣先の付けどころは、それのみに拘泥していたのでは適切な対応の用をなさないものです。つまりお相手への攻め崩しや誘い出し、あるいはお相手の攻め込みへの対応として剣先の付けどころを変化させることが肝要なのです。相互に三殺法の一つ〝剣を殺す〟というわざを競り合うのは、剣先の威力を削ぎ合うのですが、それ無くしては攻撃の好機はつかめませんが、しかしそれにこだわっていてもならないのです。剣先の付けどころもまた、彼我の時間・空間・心理的な関係性の中で、適切に変化しなければならないものと理解しておかねばなりません。つまり〝剣先は外しても心の剣先はしっかりお相手の正中に向けて一瞬たりとも外さない〟心掛けこそが肝要なのです。竹刀を用いて剣先は高く・低く時に表から時に裏からと変化するものの、心は不動にして攻めの気位を譲らないのです。

「あの方の剣先は柔かいようだがいつも要所に付けられていて、打ち込もうとすると邪魔になってしょうがない！」と思わせるような剣先の付けどころを会得したいものです。その為には、鏡に向って思念工夫することもさることながら、付けどころを変えて技を試み、打たれて修行するより他に道は無いと覚悟しておくことです。

剣先は己れの気勢の発射口と心得て、常にお相手を脅かす働きを成すものでなければなりません。剣先がお相手から外れることは即ち攻勢を失い劣勢に陥ること、つまり負けを意味することと知っておきましょう。近頃三点防禦とか言う構えの崩れがあたりまえのように発現していますが、手元が浮き上がり剣先が外れた瞬間に、負けを認識する程の潔い剣道人の構えに対する厳しいとらえ方を再興したいものです。

掛け声

身構え気構えを表に現わす術として、掛け声を発するのですが、安易に声を出せばよいというものではありません。

先ず考えておきたいのは、発声はすなわち呼気（息をはき出す）ですから、その前に十分に吸気しておかねばなりませんが、吸気（息を吸い込む）するところは躰の反応にとっては弱点であり、お相手に悟られないように注意して吸気することが肝要です。肩を上げて胸に吸気するのではなく、下腹部を張るように意識して鼻から息を吸い込むことです。次に発声する際には下腹部に更に張りを与えるように意識して、上虚下実の態勢をつくるのです。〝臍が上を向くように〟と表現されるように、腰下部の仙骨を前に押し出すようにすることによって、発声に伴って腰の据った身構えへとつなげることです。

掛け声のねらいは、前述のように腰の備えと己れの気勢を丹田あたりに収めることが第一です。そしてその構えをもって発声によってお相手に威圧を与えることですが、私は更に〝周囲の注意を引き付ける〟ことも心掛けて発声することにしています。つまり、掛け声の方向をお相手の方への一方向ではなく、己れの周囲全方向に響きわたらせるという意識で発声することによって、自ずと大きく・太く・長い掛け声となり、己れの気構えも大きく落ち付くというものです。

打突に伴って発する掛け声は充実した気勢の表現であり打突意志の表現であって、残心の端緒となる重要なわざの一部ととらえておかねばなりません。打突部位を呼称するのが原則であり、わざの種類によって打突の意志の表現として長短はあり得るものと考えられます。これもまた日本剣道形稽古によって学ぶべきところが多いものです。

残念ながら近頃明瞭さを欠く掛け声が横行しており、剣道の乱れと映ってなりません。その一つが打突部位を呼称した直後に一瞬声が途切れて（吸気して）、再び声を出す様です。それでは打突から残心へのつながりを断つこととなり正しい掛け声ではなく、厳密には打突の有効性すら否定されるべきと考えられます。

次に気掛かりな掛け声は、掛け声の終末部分がか細くなり尻すぼみになっている様です。これは気勢の消滅を表現してしまっており、次に備える残心も備わっていないこととなります。いかに確実に打突したとしても掛け声の終末は息を含み込むようにして、丹田あたりに残気を溜めて次に備えるべきと考えておかねばなりません。稽古・立合の開始にあたって発する掛け声の終末と同様であるべきなのです。

また打突部位を呼称した後に余分な言葉を発する（メン取ったりそりゃー・コテなりそれそれーなどなど）のは、お相手に嫌味を感じさせるもので厳に慎しむべきことです。

いずれにしても掛け声は己れの気勢や意志の表現であり、お相手に伝える十分な声量や長さを考慮して、意志のやり取りに用いるべきもので、こと更に自分の打突を誇示したりするものではないことを心得ておきたいものです。

攻め

〝攻め〟をどうとらえるか

私自身若い時分によく先生方から「角の攻めは弱いぞ！」と注意を受けたものです。

三十歳を過ぎたあたりから五十歳近くになるまでのおよそ二十年間、「攻めとは何か」と随分と悩んだ記憶があります。そして今もって稽古のたびに〝攻め〟の勘所をつかんだとは思えません。

従ってはなはだ僭越であることを承知の上で〝攻め〟について、所感の一端を述べさせていただきます。

まず先達に教わった〝剣の妙味〟で教えられた〝攻め〟について考察してみます。

「剣の妙味」

○相手の正中線に割って入る
○己れの懐に誘い込む
○相手の竹刀に乗って打つ
○相手の起こりを押さえて打つ

ここに示される〝正中線に割って入る〟や〝己れの懐に誘い込む〟は、まさしく攻めを意味していますが、前者は当方の剣先を効かして鋭く前に進み出てお相手の動揺を起こさせるのに対して、後者はむしろ剣先を外すなどしながら僅かに進み、お相手を引き出そうとする策と解されます。いずれも当方の主導権を堅持しつつ打ち間をつくるのですから〝攻め〟と考えてよいと思います。しかし要は次の局面で〝乗って打つ〟や〝押さえて打つ〟などの攻撃との密接なつながりを知っておかなければならないのです。つまり〝攻め〟とは〝打ち・突き〟につなげるための相対関係の打解の策ととらえるべきではないでしょうか。しかし〝攻め↓打ち〟と直結する場合のみではないことをも考えておかなければなりません。つまり相対関係を無視して攻めたのでは剣道のわざは成立し得ませんので、当方の攻めがお相手の動揺を引き出さなければ、意味をなさないことを知っておくことです。従って、〝攻め↓打ち〟のみならず〝攻め↓探り〟というお相手の力量や心の働きを察知するための策としての〝攻め〟も重視したいものです。

この攻めにお相手はどう反応するか、別の攻め口ではどうかと幾度かくり返すうちに、お相手のことが読めて〝攻め↓打ち〟への確信をつかむことになるというものです。

当然のことながらお相手もまた当方の反応を察知しようと〝攻め↓探り〟を仕掛けてくるのです

から、身の構えや心の構えを崩されることのないように、〝心の構え堅固に、身の構え柔軟に〟を心得なければなりません。

次に、「打ち急ぐな、攻め遅れるな」と教えられているように、〝攻め〟は好機をとらえて、しかもお相手に先んじて施さなければ、有効に働くものではないことも知っておかなければなりません。闇雲に〝攻め〟を試みればかえって当方の心を読まれて、攻めようとする出端を挫かれたり、当方の攻めを引き込まれて攻め返されて、窮地をまねくことになるものです。好機をとらえた攻めによって確実にお相手の動揺（起こり）をつかむようになるには、気勢を充満し心を磨ぎ澄ますという心気の鍛錬が欠かせません。つまり気を張った懸りの稽古を積み重ねて、攻めて打つ・攻めて打つをくり返して、技より以前に気を錬り上げた後にこそ、〝攻め↓探り〟の好機を悟ることになり得ると言うものです。

隙を攻める

前項では〝攻め〟は直ちに打ちにつなげる攻めと、お相手を探る攻めのあること、及びお相手の動揺を引き出すには攻めの好機を知ることが肝要であることを考えてきました。

そこで本項では、攻めを効かす機会について考え方を進めて参ります。直に仕掛け技につなげる攻め崩しも、お相手の先の技を引き出しておいて応じて打つ誘いの攻めも、その好機を見誤れば効果がないばかりかかえって当方の不利を招くことは既に述べております。つまり見事な技の完結に

攻めに相手はどう反応するか、別の攻め口ではどうかと幾度かくり返すうちに、相手のことが読めて〝攻め→打ち〟への確信をつかむことになる

は攻めの好機を逃がさないことが必須の条件と言えるのです。

技前で遣う中級の段階を経て、心で遣う剣道をめざす上級者は是非とも、攻めの好機について思念・工夫・鍛錬することを習慣化していただきたいと考えます。

先ず、攻めを効かす好機を知る以前に己れの気構え身構えが万全であるのか、点検しなければなりません。つまり気勢を充満し心を磨ぎ澄ましてしかも偏りのない身構えを整えて稽古や立合に臨んでいるかとの自問自答です。無念無想の境地には及ばずとも、せめて余念を捨て一念に徹して相対峙することです。例えば〝我、最善を尽くすのみ〟や〝刹那に捨てきるのみ〟あるいは、〝相打ちで勝つのみ〟など己れの心に雑念の入りこむ隙を作らぬことです。一念に徹して心を磨ぎ澄ましたからと言ってあわてて攻めを試みることはありません。じっくり構えて間を取ってお相手を見据えていれば、自ずと心は更に冴えわたりお相手の僅かな変化も当方の心に映るというものです。

〝攻めの好機〟とは即ち心の隙をつくことに他なりません。お相手の心の隙をつく前に、稽古や立合に臨んで、自らが心の隙をつかれた体験に学ぶことが大切です。己れの如何なる心の状態・身構えの時に攻められて、思わず動じてしまったのかを潔く分析してみることです。例えば〝さあ今から攻めようか〟と未だ心の構えの不備な時、あるいは〝いわゆる懸りの気が弛んで待ちの気に〟移ろうとした刹那、または〝待ちの気から懸りの気に〟移ろうとした刹那などなどです。自らを分析・診断した結果をお相手の有様（心の有様を含む）にあてはめてみると、攻めの好機を掴むきっかけになること度々です。

つまり攻められて嫌だったところを忘れずに、お相手のその様な状況を見逃すことなく攻めを施こすことです。人の心の働きは瞬時にして変動するものですから、好機と読んだら躊躇せず攻め込んで打ちにつなげるのです。もっとも解りやすいのは、お相手が攻め始めようとした刹那を見逃さないことです。攻め始めようとした瞬間は、攻めることに心が止まっており、当方の攻めに対する対応が遅れること必定です。これはお相手の攻めを待っていたのでは成功するものではありません。あくまでも懸りの気位で圧力をかけておいてこそお相手の攻めの兆しを察知できると言うものです。

次によく見られるのは、互いに一合した（打ち合った）直後に攻め（懸り）の気勢を弛めず残心を効かして攻め崩しを施す例です。一合して気勢が萎えたり放心（引き上げ）したりしているところを見逃さないことです。ただしこれは〝後打ち〟とは明らかに違うのですから注意を要します。〝後打ち〟とは、先を仕掛けられて（後手を踏んで）、先手の打ちを被っているにもかかわらず打とうとするものです。あくまでも当方の先の懸りの延長として（残心を効かせて）攻め崩し、二の太刀で仕留めるものなのです。

以上のように隙を攻めるというのは、確実な打ちにつなげるためにお相手の心の隙を見逃さず、間合いを詰めたり気勢を当てたりして構えの隙をつくり出すということなのです。しかも心の隙をついて攻めてお相手の構えの隙をついたならば、気剣体一致した確かな打ちを発すべきなのです。その為にも当方の身の構えに偏りがあったり、慌てて手先の軽い打ちになったりしないように、いかなる技も捨てきって打つように心掛けなければなりません。

攻めの実際

これまでいくつかの攻めの組み立てについて触れてきましたが、更に具体的な攻め方について触れることといたします。

先ずは機を得た攻めを会得することです。攻めの好機は先の気位と先の気位がピンと張りつめたところに生起するものであり、片方に待ちの気配や防禦の気配の在るときには、攻めが功を奏することはないものです。従って彼我の先の気位を当方の主導によって作り出すことが、手始めの作業となります。間合の取り方と密接に関連するので、不用意に間合を詰めることは避けるべきです。しかし攻め遅れてはなりませんので、遠間でお相手に先んじて懸待一致の構えを完備することが肝要です。完備した構えを武器にして、間を詰める際には〝さあどうする？〟と問い掛けるように、心に余裕をもっておくことです。また間合を詰めるに際して、お相手の竹刀に表から裏から触れて、押さえたり軽く張ったりするのも一層攻めの効果を高めるものです。また、お相手の正中を穿つように剣先を突き付けたり、当方の右足（攻め足と言われている）をツッと前に出してみたり、当方の顔面をお相手にフッと寄せてみたり、あるいは喉元に付けた剣先をフワッとお相手の額あたりに浮かせてみたりなど、いろいろと攻め方の工夫をしてみることが肝要です。

いろいろな攻め口を施してお相手の動揺を引き出すのですが、動揺（変化）が見られなければ打って出るべきではありません。その際には攻め入る時よりも更に注意深く、お相手を引き込む心持ちで遠間をつくることです。これは退き下がるのではなく、次の攻め口に備える準備だと心得ておくべきです。

攻めが効いた際のお相手の変化（動揺）もさまざまです。一瞬居付いて身体が固まったり、ある部位を守ろうとして剣先が外れたり、または剣先を浮かせて退きはじめたり、あるいは強気を見せて攻め返したり打ち起こしたりなどするものです。その機を逃さず打ち込むべきなのですが、お相手の変化は一瞬のことですから、当方の打ち込みも相当に素早く完結しなければなりません。しかし素早さだけにとらわれて手先の打ちにならぬように、腰主動の一挙動の鋭く強い打ちを身に付けなければ功を奏するものではありません。攻めの剣（竹刀）を一瞬にして打ちの剣（竹刀）に転ずると、外見的には大きな振り上げに見えますが、それがかえってお相手の崩れを生じることが多く当方の打ちの鋭さと相俟って、確実な打ちを生むものなのです。

攻めの効いた確実な打ちを会得するには、段階を踏まなければならないことも知っておきたいものです。つまり懸りの稽古に際して、攻めを意識して捨て身で打ち懸る稽古を積むことです。攻めの意識を持たず闇雲に打ち数を増すのではなく、〝合気を作る→攻め勝つ→捨て身で打って出る〟というプロセスを意識したいものです。若年の頃には相当に疲労する（息が上がる）まで懸り続けるものですが、壮年期以降はこのプロセスを重視して、攻めの強い剣道に近づくように一打ち一打ちを大切にする懸りの稽古を心掛けたいものです。一つ上の段階をめざすならば、安直な打ち合いを楽しむ稽古を避けて、〝合気を作る→攻め勝つ→捨て身で打つ〟というプロセスを重視した稽古を心掛けるべきと考えられます。

〝先〟を考える

これまで〝攻め〟について考えてきましたが、更に重要なわざの要素である〝先〟について考えを進めて参ります。瞬時に勝敗を分かつ結果を生む剣道の攻撃動作においては、機先を制することが勝つための必須の条件であることは申すまでもありません。勝ちは即ち生きるを、負けは死につながるという程の厳しい認識の基に、真剣味をもって（一所懸命）技を錬り合うのは、他の運動競技には無い剣道の特性であり醍醐味というものです。相互に命懸けで先を取り合うのですから、瞬時に後手を踏めば負けを認めるべきなのです。ところが剣道の動作は可視的には瞬時に完結しているようであっても、実は心の起こりと動作との刹那の差が勝敗を左右するという機微を察する能力が問われるのです。従って先を取るというのは多く心の働きを意味すると認識しておかなければなりません。

刹那の差（心の働きや躰のこなし）が生死を分かつという剣道のとらえ方は、心技体一致の極意を得んがために思念工夫され現代に伝えられたものです。躰で遣う剣道から技前で遣う剣道の段階を経て、心気で遣う剣道をめざす上級者は、先達の教えをよくよく研究し事理一致の稽古に徹して会得しなければなりません。

高野佐三郎はその著『剣道』に、『先ニ三ツノ場合アリ。先々ノ先・先・後ノ先コレナリ』と次のように説いています。

○先々の先とは、お相手の起こり（心の起こり）を機微の間に察知して打ち込んで勝つことをさしています。外見的には当方から無我無心に打ち懸けているように見えるが、お相手の不備をつくか心の動きに乗ずるものでなければ打ち込めるものではないと教えています。平素の稽古において、いつでも直ちに打つぞ突くぞという気を充満させて懸りの稽古を心掛けるべきであり、受け止めようなどという心を起こしてはならないと強く諌めているのです。そしてこれを〝懸りの先〟とも言うと説いています。

○先とは、お相手が当方の隙を認めて打ち掛けてきた技が当方を打つ前に先を取って勝つことをさしています。外見すればお相手の先手に後れて応じて打つように見えるけれども懸りの気が働いてはじめて勝つ応じる技の妙を教えているのです。摺り上げて勝つ技や応じ返して勝つ技あるいは、体を捌いて瞬時に勝つ技などをあげています。お相手も当方も懸る気位で対抗するなかで、心の働きと躰の働きの機微の差で起こることから、〝対の先〟とも〝先前の先〟とも言うと説いています。

○後の先とは、お相手が当方の隙を認めて打ち掛けてきたところを、その太刀筋を切り落とすようにして凌いだ後を直ちに打って勝つことをさしています。勢い込んで打ち掛けたところを切り落とされ体を捌かれると、当然気勢は萎えまたは尽きることとなり、その機を逃すことなく強く打ち込むものと教えています。ただ受け止めるのではなく、お相手の体勢・刀勢を萎した際当方は万全の備え（気勢・体勢）を失わずに対処するのです。お相手の先を見切って後の先であるので〝先後の先〟とも〝待の先〟とも言うと説いています。下位のお相手を引き立てる指導稽古における元立ちの遣う技と解することができます。

ところで日本剣道形解説書の十四頁下段に、大日本帝国剣道形…増補加註…の〝説明〟に太刀の形七本の理合が示されているのは、ご承知の通りです。

即ち、太刀の形一本目・二本目・三本目及び五本目は、〝仕太刀先々ノ先ニテ勝ツノ意ナリ〟と し四本目・六本目及び七本目については〝仕太刀後ノ先ニテ勝ツノ意ナリ〟と示されています。現在我々が覚え慣れている摺り上げ技も、五本目のそれ（左上段からの面を摺り上げて面を打って勝つ）と、六本目のそれ（打太刀側が攻め立てられた後急いで小手を打ってくるところを摺り上げて小手を打って勝つ）とは、先のとらえ方において違う理合を説いているのです。一本目・二本目の抜き技と七本目の抜き技についても、先の気位において同様ではないのです。剣道形の稽古に際して様々に研究し錬り上げて、竹刀打突剣道に活かすように心掛けなければなりません。また小太刀の形三本についての説明は残されていませんが、一本目・二本目・三本目の理合は先の気位において如何に異なるのか研究してみて錬り上げたいものです。

以上のように〝先〟について考えてきましたが、機先を制して勝つ理合を会得するには、己れ独りでは叶わぬことを知っておきましょう。互いに真剣かつ真摯に理合を求め合うお相手に恵まれることが重要なのです。打った打たれたと結果のみに着眼していたのでは、先の奥義を学び得るものではありません。

待ち剣と言われるような振る舞いや、無謀に振る舞うホイホイ稽古などは厳に慎まなければなりません。お相手の人格を尊重し合いながら、不意をつかれて思わず手元を浮かしてしまった時などには、〝参った〟と潔くお相手の攻め口を認める、いさぎ良さの美風を継承したいものです。

間合と機会

対人的技術を習うまでの道筋

剣道の対人的技術の要点は、時間・空間・精神作用の三要素の多岐にわたる関係性を理解し、臨機応変につかいこなすことと考えられます。

打つ突くという竹刀操作は、刃筋・太刀筋を正し必要にして十分な打突力を発揮するために、足腰主導による上腕の上下動にはじまり、手の内の作用にまで神経を行きわたらせた所謂〝冴え〟のある打突を体得することが課題です。この課題を克服するには、独り稽古による素振りや空間打突で先ず十分に錬り上げなければなりません。次に、攻撃の意志を漲らせて対峙するお相手を見事に打突するには、独り稽古で身に付けた打突動作の基盤の上に対人的技術の三要素の理解が積み上げられなければならないのです。安定した姿勢で刃筋・太刀筋の正しいしかも冴えのある打突は剣道技術の基礎基本とも言うべきもので、対人的にそれを発揮することは基本に添って応用として習得する技術と言うことができます。従って基本が身に付くということは、〝基本通りの打突が対人的に発揮できるということであり、相当の年月を経てはじめて身に付くものと考えておかねばなりません。

独り稽古や打ち込み・切り返し稽古が先ず十分に錬り上げられてから、対人的技術の三要素を学ぶ段階に入るのが剣道修錬の道筋であることを、今こそ再認識しなければならないと考えています。昨今では基本の修習が不十分なまま、対人的技術を競い合うのが大勢を占めており、剣道技術の伝統が形無しになっているようでなりません。〝切り返し〟の中に剣道の基本の大半が含まれている〟という伝統的考え方や〝打ち込み稽古によって基本の習熟を図る〟という、大切な教訓が見失われていると言っても過言ではありません。

切り返しや打ち込みをやらせるのではなく、指導者が自ら受けて正しい姿勢や足捌き、あるいは刃筋や適切な刀勢や冴えなどについて、細部にわたって指導助言することの重要性を改めて強調しておきます。稽古は数をかけることが重要であることは申すまでもありませんが、間違ったことを見過していたのでは習う者にとっては不幸極まりないことなのです。

近年もっとも気がかりなのは、竹刀を振りかぶる際に上体が前のめりになって腰の引けた姿勢が多発していることです。上体が前傾していては肩を中心とした両腕の振りかぶりは不十分となり、そのまま面に打って出るので打ち込んだ瞬間も腰は引けたままとなるのです。従って冴えのある打ちとは程遠い、ガツンと叩きつける打ちに陥ってしまうのです。しかも前傾姿勢では踏み込みが不十分となり、更に大きな問題を生んでいます。左足の正しい送り込みができず、上体を起こすために左足が右足を越えて前に出る歩み足になっているのです。受け方が前にいれば両腕を相手の顔面につき当てるような危険な行為さえ多発しているので見過す訳にはいきません。

基本中の基本と言われる大きく振りかぶって面を打つ動作の未熟の原因は、面を打っては走り抜ける練習のくり返しにあると考えられます。何故に大きく振りかぶることを要求するのか、如何なる場合に走り抜けるのかなどの要因が教え込まれていないのではないでしょうか。面を打って走り抜けるのが残心を取ることと誤解されているように思われてなりません。以前にも触れていますが、残心のもっとも重要な技術的要素は、相手から目付けを外さないことであり、打った後相手に背を向けて走り抜けたのでは残心を取ったとは言えないのです。走り抜ける必要のある場合もありますが、打った後には目付けを外さず姿勢を整えて、注意深く次の局面に備える習慣を修習しなければなりません。

つまり、遠間で自然体（右足前）をつくり、右足（攻め足と言われている）による攻め込みの際も、上体を前傾せず左足で床を蹴って打ち込む際も上体を正しく（自然体を意識して）保持するという体さばきの基本を更に重視しなければなりません。

打ち懸ける間合や機会を習う以前に、躰に浸み込ませるべき重要な技術が抜け落ちないように留意したいものです。

三つの間合を理解する

三つの間合とは、遠間・一足一刀の間・近間と理解されています。遠間では一歩踏み込んでも打てないとされ、一足一刀の間とは一歩踏み出せば打て一歩退けば打たれない間であり、近間とは一足一刀の間より更に近付いた間合と説明されています。これを静止した定点的なものと捉えていたのでは、攻防の理に適用することはできません。

彼我の空間的距離は随時変化するものであり、相手の面部・小手部・胴部・突部への距離もそれぞれ異なるものなのです。しかも各個人の一歩踏み出す身体能力（脚筋力に依拠する跳躍力）も一様ではないので、剣先と剣先の位置関係で捉えるのではなく、あくまでも目視と直感によって感じ取るべきものと考えます。また精神作用も加味して、相手にとって遠く自分にとって近いと感じさせるのも間合の妙ということになります。

遠間では、己れの構えを万全に備えて、攻め入る機会を探るのですが、お相手に攻め入られないような旺盛な攻めの気勢を漲らせておくことが重要です。お相手から攻め入られてもそれに動揺して打ち急いだり、居付いたり気勢を挫かれて退いたりしないことです。むしろ遠間でも一足で打ちきる気構え身構えを備えておくべきであり、未だ遠いから安全という捉え方では後手を踏んでしまうことになるものです。お相手に引き出されて打ち急ぎ、出端の技を被るのか、一足一刀の間に入ってきたお相手の打ち起こす直前に出頭の技で仕留めるのかは、まさしく殺那・紙一重の現象なのですから、遠間での気構えこそ大事と心得なければなりません。

つまり間合の理解は単に空間認知のみではなく精神作用と合わせ考えなければならないことを知って、平素の稽古の時から留意して取り組まなければなりません。

一足一刀の間合については、自分から詰め寄ってその間をつくったのか、お相手が詰め寄ったのかによって全く異なった状況になることはご承知の通りです。更にその間合になった際の心のあり様つまり、攻め崩そうという気が働いているのか、誘い出そうとするものかあるいは気を当てて変化を見極めようとするのかを察知しなければならないのです。また当方から旺盛な気勢を込めてお相手の中心を穿つように攻め入って一足一刀の間合をつくっても、打って出るべき場合と打って出てはならない場合のあることも熟知しておかねばなりません。上位の元立ちに懸る稽古では、当方から攻め入ったならば専ら捨て身で打って出るべきですが、互格の立ち合いに臨んではお相手が動じなければ注意深く間を取り直すことも重要なのです。そこに相互の気競り合いが生ずることとなり、一足一刀の間のつくり方をさまざまに工夫するという技能の高度化を図ることとなるのです。一足一刀の間のつくり方をさまざまに工夫するということは、安直に間合の出入りをすることではありません。先にも触れているように、先ず遠間で万全の構えと一打必中の旺盛な気勢を備えた上で、彼我の虚と実の隙間をついて一足一刀という究極の間を全身に神経を張りつめてつくる心掛けが重要なのです。

近間では、前に進み出ることなく彼我ともに相手を打つことのできる間合ですから、次のことに留意しなければなりません。

先ずは決して防禦にまわることがないように、お相手の構えの隙・動きの隙は容赦なく打ち込むことです。しかも一打ちで止めることなく、先に打ち込み応じて打ち返すなどして、鍔競り合いになるか体を押して遠間になるまでは攻勢を緩めないことです。その際留意しなければならないのは、

高野佐三郎範士

手先の軽い打ちにならないように僅かな振り上げでも十分な刀勢を込めて、気勢を激しくしっかり踏み込んで打つことです。

次に、両腕と手首の使い方に留意することです。両腕を十分伸ばして打つことのできない間合では、両肘を少したたむようにして竹刀を上下させ要は物打ち部に十分な刀勢のこもった打ちを発するのです。つまり一打必中の打ちに徹することです。物打ち部より手元に近い部分でガツンガツンと打ったのでは、嫌味な叩き合いになってしまいますから注意を要します。必要に応じてその場で床を踏み込んだり僅かに左足を引いて打ったり、体を左右に開いて打つなどの体捌きとの連動も近間では特に必要となるものです。

しかしながら近間での打ちは、気剣体一致の見事な技になることは極めて希であることは理解しておかねばなりません。無頓着に近間に入って打ち合いを好む稽古は古くから厳しく諌められていることも知っておかねばなりません。しかも我先に打って残心も無く勝手に引き上げる様に至っては愚の骨頂とも言うべきであり、無礼極まりない振る舞いであることと肝に銘じておきたいものです。近間になれば容赦なく打ちすえる気概は大切ですが、あくまでも一足一刀の間合からの見事な先の技を求め合う潔さがあふれる美風を継承しなければなりません。

心の間合

剣道修錬の究極の課題は〝技術の鍛錬ではなく精神の鍛錬にあり〟とされ、また〝技術は枝葉にして精神は根幹なり〟と言い切った教えもあります。精神の在りようについては言語で言い伝えることは甚だ困難であり、ましてや修錬の熟しない内にそれを解するのは不可能とさえ思われます。

また対人的なわざはすべて精神の働きと同調してはじめて功を奏するのであって、単に身体の技法として捉えることはできないものです。古くから術（わざ）の奥義は、長年の厳しい鍛錬を経て精神鍛錬も十分に積んだ者にのみ〝以心伝心〟これを伝え得るものと記し残されています。修錬半ばにある私共にとって、ましてや生死をかけた白刃による立ち合いの体験のあり得ない現代の剣道人にとって、精神の鍛錬（心の修錬）は如何にあるべきかまたどこまで高め得るものなのでしょうか。

〝平常心〟〝不動心〟は剣道人が求める心のありようですが、なかなか実感できるものではありません。そして稽古や立合（試合や審査など）に臨んで、自分の心でありながらその働きを的確に律することができず、平素の技術的力量を発揮できずに不覚を取ってしまうのは誰しもよく体験するものです。つまり技術で不覚を取る以前に、心の働きが不自由に陥ってしまう体験です。この不自由・不自然な心の状況は自分自身でつくり出してしまう場合と、お相手の働きかけ（間合・機会・動作など）によって起ってしまう場合とがあるものです。

前者は、立ち合い（試合や審査）の場に臨んで周囲の空気にのまれたり、他人の眼を気にしたりして己れの欲や見栄あるいは焦燥感に起因するもので、努めて一心を貫く習慣を身に付ける工夫によって解決したいものです。例えば『我、最善を尽すのみ』と心で唱え続けて他念の入りこむ隙間をつくらぬなど、各人各様の解決策を持っておきたいものです。後者の場合は、空間的間合と深く関わってくるものですが、先ずは己れの心を表に現わさず相手の心を読むことに努めることです。なぜならば、打つ気を漲らせて詰め寄ってお相手の動揺を引き出すのか、気色ばんだように見せておいて実は打って出ないなどは、お相手の心の変化を的確に捉えてはじめて、先のわざとして功を奏するのですから単純一様ではないのです。当然お相手も当方の心を読み取って、僅かな心の隙間をついてくるのですから尚更複雑多岐に亘る心と心のやり取りを制して打突につなげるわざの修錬が重要となります。〝押さば引け、引かば押せ〟と教えられていても、懸と待の心の間合取りを瞬時の攻撃につなげるのは容易なことではありません。いずれにしても〝己れの気を収め、相手に気で勝って理で打て〟と教えられるように、旺盛な攻めの気概を基盤として丹田に溜め、澄んだ心で相手を読むという手順を弁えた稽古の錬り上げが欠かせません。

当方の打突が成功した場面での己れの心の状態を振り返って自覚を深めることもさることながら、打突を被った場面での己れの心のありようを反省する修行の態度が欠かせません。

打突の機会とは

剣道は相手の動いたところを打つのであって動かなければ動かして打つべきであると言われています。しかも剣道の打突は一撃をもって必至の勝ちを得るものでなければなりません。当然のことながら、一撃をもって必至の勝ちを得るためには、本稿の冒頭でも述べたように打突動作が個人技能として十分に習得されていることが絶対の条件であるということは申すまでもありません。そして打突の機会を識って彼我のわざを出し尽して互いに学び合うところに相互肯定の美風が生まれるというものです。打突の機会を識らずして、ただ闇雲の打ち合いに興じて、打った勝ったと一喜一憂していたのでは、底の浅い軽卒な剣道との酷評を免れないのです。己れの気を収め、相手に気で勝って理で打てという〝理〟とは打つべき機会を識ると解してよいと考えます。私共が求めている技の理（打突の好機）については、六つの好機や三つの許さぬといった解説が一般的に用いられています。私の手元に、『剣道』（高野佐三郎著・大正四年）と「剣道〝真髄と指導法〟詳説」（高野茂義校閲・谷田左一著・昭和九年）という書籍があります。打突の機会について、その大要を常用漢字と現代仮名づかいを用いてお示しいたします。

高野佐三郎の『剣道』では、打つべき好機として「打つべき好機は多いけれどもその主なるものおよそ六つあり」として以下のように示しています。

第一、相手の実を避けて虚を打つべし
第二、起こり頭または懸り口を打つべし
第三、狐疑心の動くを見れば打つべし
第四、居付いたところを打つべし
第五、急《せ》かせて打つべし
第六、尽きたところを打つべし
更に三つの許さぬところとして、のがしてはならない好機を次のように示しています。

・相手の起り頭

・受け留めたところ
・尽きたところ
谷田左一の『剣道〝真髄と指導法〟詳説』では、打突すべき機会として以下のように示しています。

1、相手の構えに隙がある場合
2、打突の機会を作る場合
イ、構えの隙のない場合には攻め込みまたは相手の竹刀を払い・張り・捲き落とし・押さえて構えの崩れた場合
ロ、相手の気を迷わして隙が生じた場合
ハ、当方から打突した際に相手がこれを防ごうとして他に隙を生じた場合
3、相手が技を起こそうとする出頭を打突する
4、相手が打ってくる瞬間に隙を生じる機会を捉えて打つ場合（抜き胴・押さえ小手）
5、相手の構えが備わらない場合
6、相手の打突した竹刀を殺した場合（相手の竹刀を張り・流し・払い・捲き・摺り上げて殺す）
7、相手が居付いた場合（居付くとは、疲れているか臆しているか狐疑心があるかである）
8、相手を急《せ》かせて打つ
9、相手の技が尽きた場合（尽きるとは体勢のみではなく精神の働きにも）

10、狐疑心の動くを見た場合
更にのがしてはならない三つの許さぬところは以下のように示しています。
1、相手が竹刀を動かそうとする起り頭
2、相手が我が竹刀を受け留めたところ
3、相手が我を打とうとして相手の竹刀が外れたところ

以上いずれの機会も相対的に瞬時に生起し瞬時に消えるものですから、機会を捉えたら（作ったら）躊躇することなく果敢に迅速にしかもしっかり踏み込んで、確かな打ちで仕留めて勝つことが肝要であると解いています。私共の平素の稽古を顧みれば、いかに多く打突の好機を見逃がしているか反省すること頻りではないでしょうか。直線的単発的打ち合いに偏っている現状をよく反省して理のある剣道の修錬に努めなければなりません。

それは打突の有効性の認識も同様に、上級者になれば玄妙な機会を見逃がさず確かに打ちきる稽古に専念して、玄妙な技・理の在る技を見極める眼力を高めなければなりません。

技を考える

技のとらえ方

剣道修錬において〝わざ〟とは何かを考えるにあたって、それが身体技法のみをさすものではないことは既にご承知の通りです。

身体操作と竹刀操作の協応や、相対的な体の捌きは、対人的な精神作用（知覚―反応）を経て筋肉運動として発動するものです。従って〝わざ〟とは、対人性における精神作用（知覚―反応）を含むものと捉えるべきと考えられます。

例えば、適正な姿勢を維持して鋭く素早く攻め込んで、冴えのある面打ちができたとしても、面を打つ技が身に付いていると言えるでしょうか。それは面の打ち方が身に付いた段階であり、面技を身に付けるには更に重要な要素を学び取らなければならないというものです。即ち、相手の虚をついてすかさず攻め入って動揺した相手の隙をとらえて、面を打って仕留めるというように、対人性における時間的・空間的・心理的関係において、自己優位性を作り出す方法を熟知し会得することが、〝わざ〟を身につけると把えるべきなのです。彼我の時間・空間・心理の相対関係はたえず変化し、同一状況の再現は皆無で無限に発現することも知っておかねばなりません。一本打ちの面技も決して単一単純な方法と考えてはならないのです。その考え方に立って技を磨こうとすれば、剣道の技の奥深さに気付き終点の無い掘り下げの必要なことに気付くことになるというものです。

当然のことながら、彼我の関係性（時間・空間・心理）において、自己優位の立場（局面）を作り出す技法を身に付けること、即ち技を身に付ける以前に個人技能として動作や操作が正しく十分に身に付いていることの必要性は申すまでもありません。つまり技を習修する以前に基本の習得を重視する由縁です。

先ずは足捌きにはじまり素振り—空間打ち—を経て、打ち込み・切り返し稽古によって姿勢の安定した、刃筋正しく気勢のこもったしかも冴えのある打ち（気剣体一致の打ち）が、如何なる状況でも適正に発揮できるという基本の習熟が、欠くことのできない条件と把えておかねばなりません。

昨今の剣風が、絶好の機会を把えて相当な素早さでもって相手の虚をついた技が多く見受けられるのは結好なことですが、上体が前傾したまま走り込むように打って出ている様が多発しており、〝腰を入れて打ちきる〟という基本の習修の欠如が否めません。つまり、姿勢が安定していなければ手の内の作用を効かした冴えのある打撃は不可能との認識が無く、当てる剣道の横行を見過ごしているのではないかと危惧されてなりません。従って、技の有効性を判定・評価するにあたって私共は、攻撃機会の適時性に着眼するのではなく、打ちの質（有効性）を生み出す姿勢の適否に注目することを重視しなければならないことを強調しておきます。

技を考える際に今一つ大切なことがあります。それは技の分類とその核となる相対的関係を理解する（技の理合を識る）ということです。昨今では技を仕掛ける技と応じる技に大別し、仕掛ける技には一本打ちの技・二、三段打ちの技・払い技・引き技・出端技を位置づけています。そして応じる技には、抜き技・摺り上げ技・応じ返し技・打ち落とし技を位置づけているのが一般的に認識されています。しかし仕掛ける技はただ闇雲に打ち掛けていくものではなく、先に仕掛けておいて相手の変化に応じて打ち掛けて勝つものと考えておかねばなりません。また応じる技は相手の先手を待っていては勝てないのであり、先を仕掛けておいて打ち急いだ相手に対応して勝つのです。いずれにしても〝先を仕掛けて相手を動かして勝つ〟という技の理合は共通であることを識って稽古を重ねなければなりません。

更に先達は昨今の技の分類ではなく、相対関係の中から多くの技を示しているのも興味深いものがあります。高野佐三郎は『剣道』に第二章技術の活用（一、間合・二、剣尖の活動・三、押さえ方・四、三殺法・五、打つべき好機・六、打ち方・七、鍔競り合の心得・八、体当り・九、組打・十、手法五十種）で技を以下のように示しています。面技十八種・突技十三種・甲手技十二種・胴技七種がそれですが、気配の察知・間合の見切り・体の捌き・手の内の作用が余程錬り上げられていなければ施すことの困難な技が多く示されているものです。昨今の直線的単発的技の応酬とは比べようもありませんが、縦横無尽に秘技を遣い合った往時を稽えて試みてみる価値は十分にあるものと思われます。

いずれにしても技を身に付けるというのは、打ち方の習得にとどまってはならないのです。彼我の関係性の中から自己優位の局面を如何にして作り出し、如何にして体を捌き竹刀を操作して仕留めるかという〝心技体一致〟の勘所を会得するよう錬り上げる心掛けが大切なのです。各種の技法を身に付けるのは、技の会得の入口であってそこから先に何が必要なのかについては、事理一致の稽古によって自得してはじめて、己れの〝わざ〟といえるものになると心得ておきましょう。

古くから〝わざは下手《したて》に習い、気は上手《うわて》に学べ〟と教えられています。つまり相手と合気になって気を競り合うなかで、気位の優位を保ちやすく相手の心の動きや動作の起こりを察知しやすい下《した》手《て》のお相手に対して、先を仕掛けてその反応に適切確実に対応した技を施して確実に仕留める稽古を積むということです。下手《したて》のお相手と言えども相当の技量を有し、精一杯の懸りの気勢を込めて打ち懸ってくるものですから、気配を察することは勿論のこと、間合の見切りや先を仕掛ける機会などについても決して容易に功を奏するものではありません。しかも彼我の関係性は時間的にも空間的にも心理的にも、同一の再現はなく常に変化するのですから、全ての攻撃は精魂こめた真剣なものでなければなりません。下手《したて》のお相手だからと言って気を抜いた無駄打ちや無理な打込みや安易に引きあげる行為は厳に慎まなければなりません。

無策意・無造作に打ち合ったり、手順を無視した打ち合いに興じて打った打たれたと結果に拘泥していたのでは、技前の伸展は期待できるものではありません。また後手を踏んでいるにもかかわらず防禦姿勢を取って、打たれまいとするのも醜く卑しい剣道の謗《そし》りを免れません。

総じて言うならば、技とは気位のやり取りから自己優位の局面をつかむ術《すべ》と言うものと把えるべきと考えます。

更に私は、近頃の直線的単一的な打ち合いに終始している現況に鑑みて、上級者にあっては気で勝って理で打つ技を磨く稽古を重視して、先を仕掛けて相手の変化に適切に対応できる各種の技を錬り上げる稽古をお奨めいたします。かつてある先達が申された回想が思い出されます。「私どもが若い頃は先生から技について教わった覚えがありません。ただし指導稽古に際し元立ちに立ってあらゆる技を目のあたりに示してくださっており、私どもはそれを見取って技を覚えたものです」というのです。つまり往時（戦前）の指導的立場の方々は、各種の技を見事に施して見せる技量を備えておられ、習う立場の方々にはそれを見取る眼力を備えておられたと言うことです。無限に生起する彼我の関係性から発揮し得る見事な技を思わず引き出す元立ちとしての技量や、気構え（気位）を崩された際には潔く負けを認め合い、真の〝わざ〟を探究し合う美風を是非とも継承したいものです。

打突の好機と技の選択

既に述べてきたように、技の成否は無限に生起する関係から攻撃（仕掛け）の好機をいかにしてつくり、自己優位の立場から瞬時の打突行動につなぐかにかかっているものです。つまり技を施す

古くから「技は下手に習い、気は上手に学べ」と教えられている。この教えを大事にしたい

にあたって先ず選択するのは攻撃の機会ということになります。所謂打突の好機をいかにして把えるのかについては、既に述べてきたところです。先達は無限に生起する打突の好機について代表的なものとして三つの許さぬところや、六つの好機として示しています。①起こり頭、②受け留めたところ、③尽きたところは許してはならない機会であり見逃がさず打ち込むべきと教えています。①実を避けて虚を打つべし、②起こり頭または懸り口を打つべし、③狐疑心の動いたところを打つべし、④居付いたところを打つべし、⑤急《せ》かせて打つべし、⑥尽きたところを打つべしと教えています。平素の稽古において打つべき機会を選択することを意識しているか自問してみると、反省することばかりではないでしょうか。つまり攻撃（打突）の機会の有効な選択には、立合いの主導権を取っていること

が不可欠の条件であり、それ無くしては後手を踏むばかりで好機を見逃がしてしまっていることが多くなるものです。常にお相手に対して、打つぞ突くぞ！という懸りの気勢を維持して立ち合う習慣を是非とも身に付けておきたいものです。

攻撃の標的は、面部・甲手部・胴部・突き部と選択肢は限られていますが、攻撃の機会は無限にあることを認識すれば、一瞬の油断も許されないのです。遠間で対峙している時にもお相手に先を仕掛けられないよう気を張り、一度《ひとたび》打ち間に入ったならば先手を取って打ち懸け、二の太刀三の太刀と攻勢をゆるめず、好機を逃がさぬ心掛けで稽古することです。つまり技の選択とは、策意をもって自己優位の局面をつくることにはじまり、好機を逃がさず無意識に技を発する段階まで高める必要のあるものと把えておかねばなりません。

まずは策意をもって対峙するのですが、その際当方の策意をお相手に察知されたのでは、選択した技が功を奏さぬばかりか、策意を見抜かれ止心をつかれて不覚を取ることになります。主体的に働きかけなければならないが策意を見抜かれてはならないという相剋をいかに打破して攻撃の功を奏するか、いくつかの例を示してみます。

①相手を動かす得意の策を身につける

相手を動かす（心の動揺を起こす・打ち急がせる・居付かせるなど）ための技の選択にあたっては、〝入るに自然出ずるに自然〟と言われるように、己れの心の内の策意を表に現わさずしかも身の構えも変えず、気色ばむことなく対峙して自由に足を運ぶことです。例えば、気勢を強く張って攻め気打つ気の見えるお相手に対した際には、当方からも負けまいと強気で攻め入るよりも、打つ気を捨ててふわっと身を寄せてみることです。打つ気を捨てていますから、お相手の起こりがよく映ることとなり手も足も自由に反応して、懸り口に乗じて勝つこととなります。

または、気勢の当りが弱く待つ気・誘う気の見て取れるお相手に対した際には、お相手の正中線を穿《うが》つように剣先に鋭く威力をこめて攻め立てることに専念することです。決して打ち急ぐことなく手と足を自由に、しかも丹田の張りと眼の働きを最高度に研ぎ澄ましておくことによって、お相手の先の打ちに適応して勝ちを得ることになるものです。

また彼我ともにゆずらず強い攻め気で張り合いが生じた際には、先にも述べたように身を捨ててふわっと寄せ身を試みる策と、己れの懐に誘い込むように僅かに引く策のあることも識っておきたいものです。気の張りと研ぎ澄ました眼の働きを維持したまま僅かに引くことによって、お相手の先の打ちに適応した応じる技で勝つことになるのです。〝引いてはならぬ!前に出るのみ!〟との指導が、剣道の技の選択を窮屈にして直線的な猪突猛進型の味わいの無い剣道の横行につながっているようでなりません。

いづれにしても打ち急ぐことは禁物であり、出る・溜める・引くの懸け引きにおいて、後手を踏まぬよう（攻め遅れるな！）心掛けて稽古を積むことが肝要なのです。

②己れの得意とする技を貫く

互格の稽古や立合いに臨んで、相手の弱点をついて仕留めようとすれば、弱点を見抜くことに心がとらわれて、思わず後手を踏むことになりやすいものです。また相手の弱点をついた打突には己れの全身全霊を一点に集中していないことが多いものです。剣道修錬者としての美意識とも言える心掛けとして、〝己れの得意技を貫く〟という意識は、技を磨く過程で大切にしたいものです。得意の技を磨く過程は決して容易な道ではないものです。幾度となく挫折を味わい時に自己不信に陥ったりする体験を余儀無くされるものですが、だからこそ自己との対話によって心が磨かれ、お相手の存在を尊ぶ心が育まれて人格の形成につながるというものです。弱点をつき合って技の成否にこだわって軽薄な技を多用すべきではなく、手順を踏んで理に適った全身全霊をこめた技でもって仕留める術を探究し合う美風を継承したいものです。

③相打ちで勝つ理を求める

若い頃、先達に「最も良い技とは何でしょうか?」と問うたところ、「相打ちで勝つこと」という答えが返ってきたことがあります。当時はその真意がつかめずに様々に苦心したものです。偶然の相打ちに勝つことはあったものの、相打ちにもちこんだのではないので釈然としません。攻め立てておいてお相手の起り端を打つことかと言うと、そうではないのです。先に打ち起こさせておいて殺那の差で打ち勝つのかと言うと、それでもないようです。実のところ今もって〝相打ちで勝つ〟という技の理を会得し得ていないのです。彼我ともに先を仕掛けて必然の勝ちを得るということですが、どうしても出頭の打ちに走ってしまって納得ができないでいます。このお相手が心から〝参りました〟と思われるような相打ちで勝つ理を求め続けて行かねばならないと覚悟しているところです。

気の充実と技の発動

本稿では技とは打ち方や捌き方をさすのではなく、彼我の関係性から如何にして自己優位の局面に立つのかという術《すべ》をさすものと認識すべきものと把えてきました。

己れの心を整え気力を充満して気力でお相手を圧倒するところから技は始まっているものです。次に気当りを施したり身を寄せたり懐に引き込んだりしながら、お相手の心の動きや気勢の強弱を察知したりすることも技の始まりと言えるのです。更に当方から打ち起こす直前に相手を動かす(打ち急がせる・居付かせる・心の動揺を起こさせる)手だてを施すことも技の一部として把えておくべきなのです。従って技の発動をどの時点の何をさすのかについての認識は非常に重要な技の理解の要素となります。

つまり踏み込み動作を伴った竹刀の打ち起こしが技の始動と把えているようでは、気勢の溜めや攻め崩し攻め誘いの理を解さない打ち合いの剣道となるものです。また打ち起こす直前の攻め崩し誘い出しの手だてにこだわっているようでも深味のある剣道に達することはできません。更にまた相手の心の変化や気勢の強弱を察知することにこだわっていたのでは止心を生じやすく、後手を踏んだり好機を逃したりしやすいものです。

要するに〝気勢を充満して心を空しくする〟ことから技は始まり、相手に働きかけているものと把えるべきと考えられるのです。

〝気を収め気で勝って理で打て〟との教訓の重みや奥深い〝わざ〟の把え方に、改めて文化の薫りを感じさせられます。

若かりし頃稽古に際し、立ち上って直ぐに触刃の間に入ったところ、即座に手を横に振って蹲踞して竹刀を納められた老師の教えや、三十歳の中盤を過ぎた頃、地稽古に際し、ここぞと意を決して全身全霊をこめて面に打ちかかって、手応えを感じた直後に「ウッフッフ！　角くん心は動いとらんよ」と理に適わぬ打ちをたしなめられた恩師の教えが思い起こされます。

試合内容を審《つまび》らかにする

審判の使命

かつて私は、審判法の解説書の冒頭に、「本来剣道の試合に審判は不要、試合者に潔い覚悟が備わっていれば、勝敗の結果は自ずと明白なもの……」という文章を目にして心を打たれた記憶があります。剣道試合の勝ち負けは試合者自身がもっとも正確に既に自覚しているものであり、審判はその内容を更に深く審らかに判断し判定を表示する使命を帯びていると理解してきました。

更に深く審らかにするとは、審判を通して剣道の競技性と伝統性の調和を図ることであり、他の対人的競技スポーツとは異なる剣道の特性を具現する営みとしての使命を託されていると理解しておかなければなりません。

従って審判するには、高い剣道技術の修得と剣道理論の深い理解を兼備した上で、剣道試合・審判規則を熟知していなければ、その使命を全うできるものではないと理解しなければなりません。審判するということは、打突の有効性や対人的行為の妥当性を判断し表示することを通して、剣道を伝承する機会を与えられたのですから、謙虚に〝審判させていただく〟という心構えが大切です。しかし同時に自らの責任において、試合者を諭すという毅然とした〝審判してやる〟という態度も併せ持つことが大切だと考えられます。謙虚さが過ぎて判定の基準が曖昧になったり、自己の経験則のみを押し通すようなことがあったのでは、使命を全うすることはできません。つまり有効打突〝一本〟を競い合う試合者の試合内容が剣道理念に示されている剣の理法に適っているか否かを審らかにするのが、審判の使命であると自覚しておかねばなりません。その為に自らの平素の稽古が剣の理法に適ったものでなければならないことは申すまでもありません。

審判の任務

平成十二年に始まった審判法の講師要員を養成する研修会において、「審判が良くなれば試合が良くなり、試合が良くなれば剣道全体が良くなる……」と、当時の森島健男副会長が受講者を激励されたことは良く知られています。その後十七年を経ようとする今日、果して剣道全体が良くなってきたでしょうか。改めて審判の任務などについて熟慮しなければならない課題が山積していると言わざるを得ません。〝審判が良くなる〟とは、単的に剣の理法が全うされているか否かを審らかにすることと解すべきです。相当に素早い打突行動の適否を判断するにあたって、眼で見て耳で聞き勘を働かせよと教えられていますように、可視可聴的現象を越えた瞬時の判断力を養なうのは容易なことではありません。剣の理法に適った平素の修錬によって錬り上げられる確かな経験則が必要とされる所以です。

打突の有効性の判断は規則に示される六項目の必要条件（充実した気勢・適正な姿勢・適正な竹刀の打突部・正確な打突部位・適正な刃筋・充分な残心）の全てが充足されているか否かを瞬時に判定しなければなりません。それに加えて打突の質や合理性を判定するに必要な様々な要素をも判断の対象としなければならないのですから、相当に高度な専門性が求められていると理解しておかねばなりません。

更に加えて、試合を円滑に運営する責務も負っているのが現状です。試合者の所作ごとや礼法などについても伝統性が保たれているか注意を払う必要があります。時には試合者以外の者に対しても伝統性を堅持するよう求めることがあって然るべきなのです。試合者の打突行為を適正に判定し、禁止行為を厳格にたしなめ試合の場を厳粛に保つという任務も自覚して、自らの行動や態度を律することが求められているのです。

先にも示したように打突の有効性の判断には必要条件や運動の要素など多岐に亘って、剣道理論の深い理解が必要となりますが、競技運営という任務があります。つまり審判の表示した判定が、試合者やその周辺の者の剣道理解を左右することも知っておかねばなりません。従って曖昧な判断基準や軽卒な判定は、任務を全うしていないばかりではなく、剣道の本質を歪めることとなり、伝統性を冒涜することに他ならないと知っておくべきなのです。一方判断の基準をめぐっては教育的配慮も求められることを自覚しておかねばなりません。つまり幼少年や初心の者には試合体験から更なる修錬意欲を生み出すような配慮がそれです。あくまでも試合者の技量の程度を見極めて、僅かに高いところに基準を置いて、厳正かつ適正、公平な判定に心掛けることが必要なのです。技量が高まった段階の試合においては、有効性の判定に関して特に刃筋の正しさと、竹刀の打突部（物打ちの概念）について、より厳しく判定する必要があります。打突の機会が良かったからと直感的に軽卒な判定を下したのでは、刀法の伝統性が軽視され、〝当たれば一本〟という誤解を生じて、剣道の特性を消滅することとなるので注意を要するところです。

対人動作（体の接触）をめぐる判断については、相互の安全確保の観点と礼をもって接する態度を尊重することです。かつて組み打ちや足払いなどが許されていた格闘技の要素を払拭して、間合と機会の選択・攻防という運動文化に昇華しているという事実を深く認識して、身体接触の正当性・妥当性を判定しなければなりません。つまり踏み込み動作を伴なった打突動作では、身体接触は避けられませんが、踏み込み打突動作の余勢を真正面で受け止める相手に体当りする際には、竹刀を保持する両手は自らの体幹部（胴部）に収めて、相手の体幹部（胴部）に圧力をかけるのが正当な体当りとして許容されることを知っておかねばなりません。相手の胸部や頸部や顔面に掌を当てて押し崩そうとする行為は厳しくその不当性を判定・表示することが必要です。格闘技の要素が残っていた時代に逆戻りするかのように、不当に押し合っている様相を見過ごしてはなりません。身体接触の判定をめぐっても、伝統文化の薫りを正しく伝承するという覚悟が必要となります。

平成12年から開始された講師要員養成講習会

鍔競り合いの判断をめぐっても、伝統性を継承する審判の任務が重要となります。前にある右手を鍔で防禦して相手の刃部を避けるのが鍔競りであって、己れの身のいかなる部位にも相手の刃部を触れさせないというのが鍔競り合いの本来の姿です。鍔元での競り合いに全神経を集中して、竹刀は相手を打突することにのみ用いるという伝統性に立てば、逆に交叉したり、刃部を肩や腕にあてる行為は不当と見なさなければなりません。

以上のように打突の有効性・身体接触の妥当性・鍔競り合いの正当性などの判断にあたって、伝統性の認識に立脚して判定することは、審判の任務としてもっとも大切なところであり、〝審判が良くなれば試合が良くなり、剣道全体が良くなる〟と説かれたところであろうと解すことができます。公明正大な試合内容に誘導するための厳格な判定をためらっていたのでは、審判の任務を全うしていないばかりではなく、剣道の美意識が失われて文化の薫りを退廃させることになるとの認識を深めて、勇気を発揮して厳しく判定にあたりたいものです。現行三人制の審判制度が、安易な一致に流れることなく各人の尊厳と責任と勇気が問われていると思えてなりません。端的に申し上げれば、判定の厳しさにおいて妥協せず衝突も辞さない程の覚悟を期待するものです。

審判の技術

ここまで触れてきたように、剣道の試合を審判する働きは、剣道の筋道に照らして、試合者の身体操作・竹刀操作はもとより精神作用をも審らかにして判定する能力が求められており、相当の技術を要するものと理解しておかなければなりません。しかも、試合者やその周囲の人々の剣道理解や修錬の方向を左右し、ひいては剣道全体の伝承に寄与しなければならない重大性に鑑みれば、誤審は決して許されないと覚悟を決めて臨むものでなければなりません。

●目視力と聴覚力を磨く

打突の有効性判断のもっとも大切な手がかりは目視力の正確さです。試合者の立場に立てば、打突部位を打たれた感触が全く無いのに相手に有効が認められる程不快なことはないものです。気構えや体勢が崩れていないのに軽く触った程度の打突を有効とされるのも同様です。竹刀のどこで相手のどこをとらえ、しかも打たれた側の態勢はどうであったのか、これらを正確に目視することが先ず必要な審判技術と申せます。人間の動態視力の限界を越える程の速度で操作される竹刀が打突部位をとらえているか否かを正確に判断するには、適切な位置取りと正しい姿勢や安定した呼吸を維持しなければならないことは申すまでもありません。そして目視を補完するものとして打突音を聞き分ける鋭敏な聴覚力が必要となります。同一部位を打撃した際にも、手の内の作用や竹刀の入力角（太刀筋）によって微妙にその打撃音が異なることを知っておかねばなりません。竹刀先端部で打った浅い打ちや、曲線的な太刀筋による平《ひら》打ちや、入力角の不適切な流れた打ちを有効にしてしまったのでは、剣道の特性である刀法の理を害うこと甚だしいというものです。打たれた側の被打突感触を更に深く審らかにする働きによって、質の高い打突を追求させるという貴重な伝承作用が含まれることを認識しなければなりません。

●打突姿勢と打突の質の関連を識る

有効打突の条件にあげられている適正な姿勢は、打突の質と深く関連するものであり、腰が引けあごの上がった軽い打ちや、打突の瞬間に相手に正対しない手打ちや平打ちなどを軽卒に有効としてはなりません。打ちきっているのか、ただ当てているのかを見極めるには姿勢の適否に注目しておくことが不可欠の審判技術なのです。近年多発している上半身が著しく前傾して飛び込む面打ちや、竹刀を湾曲して振り回して回転しながら打つ胴打ち、あるいは甲手部を防禦するように竹刀を右側に傾けて湾曲して振り回して打つ面打ちなどは是非とも無効と判定して、是正を促したいものです。

●残心の条件・要素を識る

規則第十二条の文章では、「……打突し、残心あるものとする。」と結ばれていますが、残心の端緒は打突の瞬時に在るのであり、充実した気勢や適正な姿勢による打突でなければ、適正に残心を維持することはできないものなのです。残心には三つの条件が備わっていなければならないのです。つまり①気勢の持続②目付けの維持③安定姿勢の維持がそれです。

①気勢は掛け声を聞き分けて判断の手がかりとします。掛け声（呼気）を一瞬途切らせて吸気し再び声を出したり、澄み切った単音ではなく他の音を混ぜたような発声や、掛け声の緒末が尻窄《すぼ》みになっているようでは、気勢を持続した残心になっていないと判断すべきです。

②目付けは残心のもっとも重要な要件であり、間の近いところでは一瞬たりとも眼を外さないことが重要なことは申すまでもないことです。然しながら昨今では、打突後に相手に背を向けて走り去るのが残心の示し方と誤解されているようで不可解でなりません。回転しながら胴を打って平気で背を向けているのも然りです。剣道形七本目の打太刀は一瞬仕太刀から目付けを外すけれども直ちに首を返して仕太刀をとらえる動きや、仕太刀がすれ違いざまに面抜き胴を打つ際に目付けを外さないという、技の伝統を忘れてはなりません。

③打突後の姿勢は直ちに両腕を脱力し上虚下実の姿勢を復元して、次の局面に備えるのが本来の姿です。それを可能にするのは、打突姿勢の安定（腰を入れて打ちきる）に他なりません。近頃著しく前のめりになって面に打って出て、両腕を万歳するように上げたまま走り抜けたり、相手に接触

している様は、到底残心を示しているとは判断できるものではありません。

●反射的な表示をしない

両試合者の打突攻防動作はめまぐるしく応酬されるのですが、そのリズムに審判の動きが乗せられたのでは、適正な判定を誤まることになりやすいものです。あたかも両試合者を掌《たなごころ》の中に入れてその様子を見守る程の心の余裕が必要とされるのです。しかも技の理合を識って、攻めの機会や間合の変化から生じる仕掛ける応じる技の必然性を予知しておくことが重要な技術と言えるのです。ただし予断をもって判断を下すことは厳に慎しまなければなりません。あくまでも打突瞬時の姿勢・刀勢・体勢が気勢と一致したかを審らかにする審判技術を備えるべきなのです。

しかしその判断を反射的に反応し表示することを奨めるものではありません。目視して見極めた事実を諸々の条件・要素に照らして、審らかにしたものを表示する落ちつきこそ大切なのです。一度判定表示したものを、あわてて取り消すほど見苦しいものはありません。審判の権威と責任を全うするには、反射的な反応動作で表示するのではなく、諸々の条件要素を素早く脳裡で審らかにする、落ちつき払った態度を貫くよう心掛けたいものです。

以上申し述べたように、審判を通して剣道全体を良くするには、有効打突や禁止行為の判定については、剣道の技術理論の深い理解とそれに即した自己の剣道修錬が欠かせないことを強調しておきます。更に今一つ大切なことは、事理一致の修錬に裏打ちされた信念に基いて、厳しい判定を敢行する勇気をもって審判に臨むことです。

今の打突は「理に適っていません！」、今の打突では「不十分です！」と諭し、今の行為は「剣道精神に叛いています！」と指摘する強い態度が今こそ審判に求められていると痛感すること頻りです。

剣道の国際普及

剣道の普及を回顧する

剣道は戦闘殺傷の武技を体系化し、流派の台頭をみて以来中世武家社会を経て、我が国の近代化にあたって様々に紆余曲折はあったものの、現代に至ってもなお運動文化・精神文化として受け継がれてきています。

世界各国には様々な運動文化が存在していますが、剣道が戦技武術から修業武道、そして修養文化として今日に受け継がれていることは、類稀なことであり実に世界に誇るべきことであり、我が国の貴重な伝統文化の歴史と把えるべきものです。士農工商という階級社会が長く続いた時代における、武士階級の治世の責任は実に重く、責務を全うすべき武士の人格形成に武芸の修錬が重んじられたのは事実です。その表芸としての剣術が、長く続いた平穏の時代に佛教や儒教思想と相俟って、文武不岐の道理を生み〝術を磨いて心を錬り〟有為な人材を育むという文化の萌芽が生まれたことはご承知の通りです。周知の通り武家社会の終末期にあって、身を捨てて難局打解にあたり、大政奉還を成しとげる際に活躍した志士達の多くは、並外れた剣術の遣い手であったことは良く知られているところです。

現代において剣道に勤しむ私達が忘れてならないのは、剣道界にふりかかった二度の危機について知っておくことです。一つは明治維新以降武家社会の崩壊に伴なう武道消滅の危機です。近代化西欧文明の吸収を急ぐ当時、武芸は不用のものとされ、武道文化そのものも消滅の危機にあったのです。榊原鍵吉の〝撃剣興行〟の起こりが武芸専門家の救済にあったことは有名な史実ですが、武道の灯を絶やすまいとする働きでもあったと推思されます。

他の一つは、先の大戦の後連合軍の占領政策の一環として、武道の組織的活動が全面的に禁止されたことです。戦後の復興に精一杯であったにもかかわらず、細々とではあっても全国津々浦々では剣道の稽古が継続されていたことは良く知られています。また中央において剣道の復活を図るにあたり、剣道の要素を何とか残しつつスポーツの性格を取り込んで〝撓競技〟という運動を考案して、占領軍当局と厳しい折衝を重ねた先達の熱い努力があったことも忘れてはならない史実です。

以上近代における二つの危機を乗り越えるにあたって、心血を注いで取り組まれた先達の剣道に寄せる熱い思いを察する時、剣道は〝術を磨いて心を錬り、社会に有為な人材を育む〟という貴重な文化であるとの信念に貫かれていたことを受け継がなければなりません。第一の危機の後社会の要請もあって全国組織が立ち上がり、学校教育の場に登場し指導者養成機関も充実して全国的普及が急激に進むことになります。また第二の危機の後の復興にあたっては、スポーツの要素を取り入れた撓競技から本来の剣道の復活へという極めて困難な道程であったろうと推察できるというものです。

以上のように剣道（剣術）は、武士階級という専門家の修行道であったものが、明治以降には各界各層に普及することとなり、所謂大衆化という経緯があったと考えることができます。

私たち剣道人には〝稽古〟という貴重な把え方が伝承されており、他の運動実践の考え方とは異なることは周知の通りです。刀法を習得し心法を錬り上げるという技術の側面について古きを考え、正しい方法を修得せよというものです。しかし技術の側面のみならず、剣道の文化としての真価について〝温故知新〟する態度をも堅持しなければならないというものです。つまり武士がその誇りを重んじて、責務を全うする信念に生きてきたという精神性についても深く考えて取り組まねばならないというものです。全国を視野に剣道普及の歴史を識ることのみならず、各々の所属する地域の剣道普及史について理解を深めておくことも是非取り組んでいただきたいところです。地域の剣道普及史を識るということは、やがて地域剣道界の牽引役としての責任や義務を自覚することとなり、伝統の継承に貢献することになるというものです。

そこで特に留意したいのは、〝競技の末に走ってはならぬ〟という諌めの教えです。大衆化が計られ普及が進むと、修錬の一つの手段である試合（競技）の機会が増加することとなり、修錬の志向が勝敗や合否の結果に偏重しがちになることを抑制しなければなりません。相手を打って勝つことを願って厳しい稽古に臨むのですが、その過程では基本に忠実で理に適った技術の修得に専念するという誠実な精神性も共に普及伝承されなければなりません。不合理な打ち合いに興ずることを厳しくたしなめ、理に適う技の追求を尊ぶという潔い態度（人間性）こそ大切にされなければならないのです。〝見苦しい勝者よりも潔い敗者たれ〟という教訓は、武家社会において重んじられた廉恥の美徳を受け継いだものであり、現代の剣道修錬や指導においても重視されるべき貴重な文化性と把えておかねばなりません。

国際的普及を回顧する

周知の通り剣道は今や世界各国で各界各層の人びとによって愛好されています。国際組織も着々と普及活動を推進しているところです。第十六回世界剣道選手権大会（日本武道館）には五十六の国と地域から多勢の選手役員が集い盛況に実施され、年を経るごとに参加国・地域の増加傾向は続いています。国際剣道連盟（ＦＩＫ）に未加盟の国でも愛好者の増加傾向は明らかであり、普及の充実にあたって創始国として一層重要な課題をかかえることになっています。

海外諸国において剣道がいかにして芽生えて、いかにして根付いてきたのか、その歴史を探ることは興味深いものがあります。必ずや先人の苦労や貴重な尽力の足跡を知ることとなり、当時の人びと（日本人や現地人）が剣道の何を伝えようとしたのか（何を学ぼうとしたのか）について、改めて思いをめぐらすことになるでしょう。現時点では海外諸国の剣道普及の歴史を総括的にまとめ

世界剣道選手権大会

たものは見当りませんが、現在及び将来の海外普及を考える上で、〝温故知新〟貴重な情報を得ることとなり得るので、今後の調査研究の成果に期待したいものです。

文化的価値観や生活信条・風習の異なる諸外国の人々に剣道の真価を伝えることの困難性を考える時、剣道に含まれる競技性と修行性の視点から考察してみることも興味深いものがあると考えられます。

ここに剣道の国際的普及について、競技性と修行性の視点からその普及の歴史を識ることの必要性を提案するのは、諸外国の剣道人の志向が急激に競技性志向に傾注しつつある現実に直面するからであります。そしてそれは我が国の若年剣道人の志向も競技偏重が著しく、その技術が剣の理法から外れていることが見過されている現況に危機感を禁じ得ないからでもあります。情報伝達の技術が著しく発達した現在、動画情報として即時に全世界で共有し得る昨今、競技の映像を通して可視的運動方法のみが認知伝承されることは避けることができません。技術に内包される精神的要素や、修錬者としての求道的要素に接することなく、競技運動の側面のみが伝承されたのでは、文化としての価値の伝承を著しく妨げることになり得ることを危惧するものであります。我が国内の若年層剣道人が一時期競技偏重に流れることがあっても、やがて修錬を重ねるに従って高段位者の修行態度や玄妙な技術に接することとなり、改めて精神文化としての剣道に目覚めることは容易にあり得るものです。

しかしながら諸外国の剣道人の場合は、奥の深い剣道に接するのは極めて困難であり、競技の域を越えられないままに修錬から遠ざかってしまうことになり得るのです。私はそのような例をいくつも見てきました。競技運動としての広がりを否定することはできませんが、何としてでも精神性・修行性を兼備した運動文化として普及を図り、生涯修行の美徳を伝えていかねばなりません。文化的価値観や生活信条・風習の異なる諸外国の人々にも、奥深い剣の理法の追求を通して自己の生活を支える身体的・精神的・社会的成熟の糧として剣道を理解することは可能であると考えるからです。

国際的普及の現実と課題

一九八七年三月初旬のある日、「角さん、六ヶ月間フランスに行ってくれないか」との突然の電話を受けました。当時全日本剣道連盟の国際委員会委員であった、塩入宏行氏（埼玉大学教授）からのお誘いでした。私への指名の背景については計り知り得ませんが、貴重な体験の機会と覚悟を決めてあわただしく職場や家族などの賛同を得て、京都演武大会直後にパリに赴いたのが、私の海外での剣道指導の出発点でした。なぎなたの指導者であった妻にも現地なぎなた委員会からの要請があり、勤務先の私立高等学校関係者のご理解を得て、二人の息子達共々パリ市内のワンルームマンションでの生活が始まりました。フランス剣道連盟の要請に従って、パリ市内及び近郊の剣道クラブを巡回指導するのが主な任務でした。前任の大東先生（故人・大分県警）や好村兼一氏（東京大学出身・パリ在住・現八段）ら日本人による指導が定着しており、基本を重視した稽古が主流を占めていました。剣道有段者の多くは剣道入門以前に柔道など他の武道体験者であり、剣道に移行した理由の多くは、格闘技ではない剣道の対人技術の妙味に魅力を感じたというものでした。当時初段か二段を持っていたある若い剣士が、「今日角先生に打ち据えられたのは、私の心の修錬が不足していたからです。今年の夏は座禅の修行に専念したいと思います」と真顔で訴えてきたのには驚いたものです。彼は心気力一致の勘所を剣禅一致の境地で伝えられていることを、書物から学んでいたのでしょう。その彼は現在七段位を取得し、フランス国内外で屈指の指導者として活躍しているところです。その他にもフランスには数多くの七段取得者が生まれて、ヨーロッパでは最多の剣道愛好者を有するに至っています。この背景には全日本剣道連盟と連繋して取り組まれている、日本人高段位指導者招聘事業（現在は三ヶ月間滞在）の存在が見逃がせません。フランスでは柔武道連盟という大きな組織の一部に剣道組織も組み込まれており、剣道の普及に際し財政的支援も大きいことが伺えます。

一九八七年当時の六ヶ月間の指導体験でもっとも印象に残っているのは、〝気剣体〟という言葉をよく耳にしたということです。姿勢を崩さず腰主動の前進跳躍運動に気勢と鋭い（やや強すぎるが）竹刀打突運動を一致させることへ専念したものです。多彩な応じ技などは見受けることがなかったと記憶しております。また稽古には必ず大小の木刀を持参し日本剣道形の稽古にも強い興味を持って熱心に取り組んだものです。J・P・レック氏（故人）はその後長くヨーロッパ剣道連盟の技術指導員として、欧州剣道の普及に多大の貢献を残しました。C・プリュボウ氏は、たびたび来日して日本人高段位者から熱心に学び、八段位審査の一次審査に合格する程の力量を備えるに至っています。

剣道の海外普及についてはおよそ次のようなさまざまな交流が契機になっていると考えられます。
○明治維新以降日本軍人の海外留学時に剣道を紹介した例。
○海外移住民として特に南アメリカに渡った人々が伝え紹介した例。
○全日本剣道連盟による外国人剣道家招集合宿講習会による例。
○我が国大学の武道コース等に留学した者が帰国後普及に携った例。
○国際社会人剣道連盟有志による海外交流の例。
○全日本剣道連盟から普及指導員として定期的に派遣した例。
○企業の在外駐在員が日本人会を通じて現地剣道人と交流を深めた例。
○ジャイカの青年海外協力隊員として剣道普及にあたった例。
○ジャイカのシルバーボランティアとして海外剣道人の指導に携った例。
○個人的剣縁によって海外剣道人と交流を深めた例。

などなど実は様々な形態で剣道が海外に普及してきたのが実態です。

私自身も一九八七年の渡仏を始点として、その後全日本剣道連盟からの派遣で、ベルギー・アメリカ合衆国・オーストラリア・韓国・香港において指導に携わる機会を得ました。いずれの機会にも剣道の本筋を伝えるべく、基本の習熟を促したものです。

海外諸国の剣道愛好者第一世代の人々は、今や六段・七段の高段位者となりましたが、中には加齢に伴う身体的理由で稽古の実践が叶わぬ者も居るようです。しかし彼等は若年の頃には修行性を重視した剣道に接した体験を持って各国内の普及に努めてきたものです。礼儀・礼法の尊重や自己規制・自己抑制力の涵養及び基本を重視した動作美の追求など、他のスポーツ運動との関わり方のちがいを、自国の次世代に伝えることの困難性は察するに余りあります。

「最近の若い選手達は、基本の不十分なまま当てて勝つ方向に専念してしまっている」という嘆きの声を多く耳にします。我が国のように幼少年期から剣道に入門する例はごく稀ですが、以前に比べて剣道入門年齢が若くなっている傾向は明らかです。青年期の剣道入門者の志向を競技偏重に陥らせないための努力が急がれるところです。各国各地域で開催される剣道大会の盛況ぶりと、動画情報による試合様相の模倣が相剰的に作用して、いわゆる〝当っこ剣道〟に退化している現況は否めません。左掌を浮かせて三ヶ所を防禦するような変則的な見苦しい動作は既に海外の競技者があたりまえのように行っています。また前傾の著しいとびこみ面や、横向きになって腰の引けた出端小手打ちや目付けを外した胴打ちなどがあたりまえになっているのです。

腰主動の動作美や打撃の冴えや確かな残心についての理解を広めなければ、運動文化としての剣道の退化は防ぐことができません。また身体接触（体当りなど）についても正しく指導されなければなりません。相手の体勢を崩すために何でもありと心得てしまっては、剣道が格闘技化してしまう恐れすらあるので特に注意を要するところです。

いずれにしても、勝ち負けの機微を楽しむというスポーツ文化の浸透した諸外国の若年層に、修行性を尊重した剣道修錬の価値を理解させ普及浸透を図ることは急務の課題と申せます。彼らが興味を持っている競技（試合）場面における有効打突の判定において、〝不合理です〟〝不十分です〟と無効を示すことによって知らしめることも重要な方策です。また同じように興味を示す昇段審査においても、勝負の歩合を注視するのではなく、姿勢・気勢・刀勢の適否と、施技の手順や技の合理性や気位の適否を重視していく方向が重要だと考えられ、審査員の判定力の向上も急がれるところです。

おわりに

全国津々浦々で修錬に勤しんでおられる方々が、剣道に如何様に向き合っておられるのかを知ることは甚だ困難なことです。生涯修行を旨とする剣道に如何に取り組むのか、年齢や立場によって様々であろうことは承知していますが、健全な心身を養い、豊かな人格を磨いて充実した人生に寄与する修養の道として捉えることは共通に理解しておかねばなりません。

様々に技術を錬磨して、勝負や立合の場に臨んで自らを検証してみることは修行の手だてとして必要なことと申せます。しかしながら勝負や立合の結果をどのように分析し、如何なる課題を認識するのかによって、その後の修錬の筋道が異なってくることを知っておかねばなりません。従って精神的作用を含む技（わざ）の理（ことわり）を知ることが重要となってくるのです。

習い覚える段階では未だ技の理を知るには無理があるのでしょうから、直心を心掛けて旺盛に吸収する態度が欠かせません。習う立場の者の理解力のレベルを考慮しつつ稽古の内容・方法を工夫する指導者の配慮を通じて、刀法・身法の理合にかなった基本が自然と身につくよう配慮したいものです。

自ら思念・工夫すべき段階に至ったならば、身体技法の基盤になる心の置きどころや気魄の涵養に重点的に取り組む姿勢が欠かせません。そこで「打って反省」する観点が己の気勢や心の在り様に向けられ、「打たれて感謝」する観点もまた己の気構えや心の在り方に向けられるべきなのです。一心不乱に打ち懸かる稽古で無心の境地を体験したり、高段者の立合から、必然の打ちに至る技の理合を見抜く観の目を養うよう心掛けたいものです。

更に高い段階を自得しようとするならば、様々なお相手に対して理にかなった不断の稽古の継続と同時に、先達剣聖の伝え残した奥義を深く思慮して、無駄を省くことに専念したいものです。

今回取り上げた様々な技能のとらえ方は、剣道の奥深さを再認識していただきたく際の参考に供することを趣旨としたものであり、決して極意を述べたものではないことをご理解いただきたいと念じております。

浅学非才をも省みず拙稿を供しております故、何卒ご批正を賜りたく存じおります。

本書の刊行にあたり諸々お世話になりました剣道時代編集長の小林伸郎氏に厚く御礼申し上げて結びといたします。

（完）

令和元年八月

角正武

角　正武
すみ・まさたけ／昭和18年福岡県生まれ。筑紫丘高校から福岡学芸大学（現福岡教育大）に進み、卒業後、高校教諭を経て母校福岡教育大学に助手として戻る。福岡教育大学教授、同大学剣道部長を歴任。平成11年から14年全日本剣道連盟常任理事。第23回明治村剣道大会３位。第11回世界剣道選手権大会日本代表女子監督。著書に『剣道年代別稽古法』『剣道は基本だ』『人を育てる剣道』など。剣道範士八段。九州学生剣道連盟会長。

本書は『剣道時代』連載「修養としての剣道」（2017年7月号～2018年6月号）に掲載されたものに加筆・修正を加えたものです。

修養《しゅうよう》としての剣道《けんどう》

令和元年12月29日　第１版第１刷発行
令和６年８月８日　第１版第２刷発行

著　者　角　正武
発行者　手塚栄司
組　版　株式会社石山組版所
撮　影　西口邦彦
編　集　株式会社小林事務所
発行所　株式会社体育とスポーツ出版社
〒135-0016　東京都江東区東陽2-2-20 3F
TEL 03-6660-3131
FAX 03-6660-3132
http://www.taiiku-sports.co.jp
印刷所　新日本印刷株式会社

ISBN978-4-88458-421-4　C3075 Printed in Japan